삶이 전도 한다

삶이 전도한다

초판 1쇄 발행 | 2018년 10월 19일

지은이 | 이병욱
펴낸이 | 이한민
펴낸곳 | 아르카

등록번호 | 제307-2017-18호
등록일자 | 2017년 3월 22일
주　　소 | 서울 성북구 숭인로2길 61 길음동부센트레빌 106-1805
전　　화 | 010-9510-7383
이메일 | arca_pub@naver.com

홈페이지 | www.arca.kr
블로그 | arca_pub.blog.me
페이스북 | fb.me/ARCApulishing

책　　값 | 뒤표지에 있습니다
I S B N | 979-11-89393-01-4 03230

아르카ARCA는 기독출판사이며 방주ARK의 라틴어입니다(창 6:15).
네가 만들 방주는 이러하니 … 새가 그 종류대로, 가축이 그 종류대로,
땅에 기는 모든 것이 그 종류대로 각기 둘씩 네게로 나아오리니 그 생명을 보존하게 하라 _창 6:15,20

말로만 전도하는 시대는 지났다

살림이 전도한다

의사전도왕 이병욱

아르카

삶이 전도한다

지금 이 시대를 사는 성도들과 교회는 열심히 전도하지 않습니다. 교회마다 평균 1퍼센트의 교인만 전도한다는 통계도 있다고 합니다. 여러 이유를 들며, 전도가 잘 되지 않는 시대라고 말합니다. 전도에 대한 실패로 인해 트라우마가 생겨서인지, 전도가 쉽지 않다고 자포자기하며 사는 것 같습니다. 교회 이미지가 좋아져야 전도가 될 수 있다며 다른 일(?)에 더 집중하는 듯합니다. '기독교가 세상에서 폄하되고 신뢰받지 못하며, 세상이 교회를 걱정하는 마당에 무슨 전도가 되겠는가?' 푸념하기도 합니다. 교회에 청년과 청소년이 떠나서 다음세대가 걱정되는 현실이라고 한탄하기도 합니다.

교회마다 전도의 열정이 식어가고, '이제는 전도가 안 된다', '미래가 암울하다'는 패배의식에 사로잡힌 것 같은 모습이 안타깝습니다. 그렇지 않습니다. 이런 때일수록 복음을 전하고 더 전해야 합니다. 우리가 할 유일한 일은 선교하는 교회의 본질로 돌아가는 것입니다.

지금 이 시대는 우리가 그리스도인으로서 조금만 더 바르게 예수 향기를 내는 삶을 산다면, 오히려 얼마든지 복음을 더 잘 전할 수 있는 시대입니다. 역사상 지금처럼 전도를 자유롭게 할 수 있는 시대도 드뭅니다.

예수님 때문에 희생하고 예수님 때문에 참고, 말씀대로 바르게 살기만 해도 불신자들에게 전도할 수 있습니다. 한마디로 삶이 전도하는 시대입니다. 그러므로 풍성하게 베풀고 친절하게 섬기는 가운데, 주님의 십자가 복음을 더 열심히 전하고 예수님을 증거해야 합니다. 더 거룩하고 더 희생하고 더 용서하며, 십자가를 지는 자세로 더 사랑하면 되는 것입니다. 교회가 그렇게 구원의 방주가 되어야 하는데, 혹시 요즘 교회와 성도들이 너무 바빠서 전도하지 않는 것은 아닌지요?

저는 암에 대한 전문의이면서 전도자로서, '의사전도왕'이라는 영광스러운 별명을 얻을 정도로 꾸준히 전도에 열정을 쏟는 삶을 살아왔습니다. 그동안 첫 책인《의사전도왕》을 비롯해 전도에 관한 책을 여러 권 썼는데, 이번에《삶이 전도한다》를 통해 제가 몸부림치다시피 계속하여 전도하려 애쓰고 실패하기도 했던 이야기를 새롭게 나누고자 합니다.

저는 이 책에 한국교회가 잃어버린 영혼을 구원하는 복음 전도의 본질로 돌아가기를 바라는 갈망을 담았습니다. 특별히 꾸준히 복음을 전하며 살았던 저의 일상을 기록했습니다. 한국교회 기독교인들이 전도의 열정을 회복함으로써 다음세대를 거룩하게 준비하시려는 주님의 마음을 나누고 싶었기 때문입니다.

한 사람이 전도되어 교회에 나왔다면 전도한 한 사람의 수고 덕분만은 아닙니다. 그 한 사람을 위해 많은 사람이 전도한 결과입니다. 수많은 전도자들의 기도와 관심 때문이며 성령 하나님께서 하신 일입니다. 그래서 전도로 자기 교회를 소개하는 전교의 차원을 넘어서길 바라는 마음도 이 책에 담았습니다. "오직 우리 교회로만 데려와야 한다"는 개교회주의가 아니라 모든 그리스도인이 함께 전도하는 복을 한국교회가 같이 누리기를 원합니다. 천하보다 귀한 영혼이 주님께 돌아옴으로써 주님께서 기뻐하실 것을 진정으로 기대하며 소망합시다.

이제는 전도의 패러다임을 바꿔야 합니다. 말로만 전도하는 시대는 끝난 지 오래입니다. 물론 언제나 입을 열어 말함으로써 전도해야 할 것입니다. 다만 삶은 부끄러운데 말로만 전도하는 것은 능력이 없습니다. 전도는 삶이요 거룩한 예배입니다. 지금은 말씀대로 사는 삶이 전도하는 시대입니다.

그리스도인이 믿음의 본질로 돌아가고 일상이 행복해야 전도가 더 잘 됩니다. 역설적으로 전도는 삶이 행복해지는 길이기도 합니다. 그래서 행복한 삶이 전도이며, 삶이 곧 전도인 것을 가슴으로 나누고 싶습니다. 나 자신부터 변화되는 일상생활의 부흥을 통해 주님께서 사랑하시는 가정까지 변화시켜주실 것입니다. 이 영광스러운 전도의 사역에 가족이 함께하시길 바랍니다.

영혼을 구원하는 전도와 선교 사역은 교역자만의 몫이 아닙니다. 삶의 현장에서 살아가는 모든 성도들이 불길같이 전도의 열정을 품고 일어나야 합니다. 전도가 삶의 중심에 있고 '삶이 전도'라는 마음으로 살 때 개인도 가정도 교회도 소망이 있습니다.

한국교회의 마니어스 성장을 극복하는 방법도 전도입니다. 죽은 영혼이 생명을 얻는 전도의 열정은 식어가고, 교인의 수평이동으로 현상만 유지되며 침체에 빠진 한국교회를 다시 활성화하는 길은 교회를 소개하는 전교가 아니라 살아계신 예수님의 복음을 전하는 전도입니다. 한국의 교회와 교회마다 진정 주님을 만나고 삶이 변화되며, 교회가 생명력을 가지고 전도의 본질을 회복하여 다시 부흥했으면 좋겠습니다.

우리가 그동안 세상에 너무 많은 마음을 뺏겼다면, 이제부터라도 하나님 아버지의 마음으로 살아 보십시다. 우리가 할 수 있는 모든 지혜를 모아 바르게 살아가며 전도에 집중한다면, 예수님이 복음이요 예수님만 유일한 구원이신 것을 확신하고 계속 전도한다면, 주님께서 선한 열매를 허락하실 것입니다.

저의 작은 이야기를 통해 신앙의 선배들이 거룩한 희생으로 영혼 구원에 매진했던 그 열정을 다시 회복하는 교회들이 되기를 소망합니다. 전도가 이벤트나 프로그램이나 절기 행사로 전락돼버린 현실에서, 일상에서 삶으로 전도하려 힘쓰는 성도들에게 용기와 격려를 드리고 싶습니다.

예수님과 함께 살기에 예수님을 전할 수밖에 없는 삶을 사시기 바랍니다. 이 책을 펼쳐 드셨으니, 이제 그 삶이 시작될 것입니다. 저와 같이 이 행복한 삶을 살아 보십시다. 이제 삶이 전도하는 역사가 시작됩니다.

대암의원 진료실에서 **이병욱**

목차

1부

전도의 본질로 돌아가는 삶

2부

복음의 씨를 뿌려 열매 얻는 삶

3부 

가족이 더불어 행복해지는 삶

4부

전도 실패를 넘어 성공하는 삶

1부

전도의
본질로
돌아가는 삶

01. 일상이 행복해야 전도가 회복됩니다

어느 날 아침, 병원에 출근했더니 주차장에 승합차 한 대가 삐딱하게 세워져 있었습니다. 제 차를 주차하기 불편할 지경이라 살짝 기분이 언짢았지만, '이 아침부터 바쁘게 배달하러 다니는 사람이겠거니' 생각하며 이해하기로 했습니다. 간신히 주차를 한 다음 병원으로 올라왔습니다.

시간이 조금 지나자 한 청년이 저를 찾아왔습니다. 그 승합차의 기사였습니다. 자기가 승합차를 돌려 나가려다 실수로 제 차를 들이받았다고 고백하러 온 것입니다. 바로 내려가 확인하니 제 차의 범퍼가 많이 손상돼 수리해야 할 것 같았습니다.

'저 청년 잘못이니 청년의 보험으로 처리하나?' 생각하다, 요즘 청년들이 많이 어렵다고 하던데, 용서해주고 싶은 마음이 생겼습니다. 마침 한 번도 사용하지 않은 제 차의 자차손해보험을 이 기회에 사용하면 될 것 같았습니다. 서로 전화번호만 알아두기로 하고, 일단 그를 그냥 돌려보냈습니다.

청년을 보낸 다음 알아보니 수리비용이 적게는 70만 원에서 많게는 300만 원까지 든다고 했습니다. 내 보험으로 수리하기 아깝다는 생각이 살짝 들었습니다. 그래도 이왕 한 번 먹은 마음이니 수리하기로 결정하고, 그날 찾아온 환자를 진료하기 시작했습니다.

뜬금없어도 전도

한창 진료를 하고 있는데, 그 청년이 걱정이 되었는지 전화를 해왔습니다.

"원장님, 차는 어떻게 하기로 하셨습니까?

"내가 알아서 수리할 테니 걱정하지 마시게. 자네 일은 용서하기로 했네. 아, 그런데 청년은 예수님을 믿어요? 교회는 다니는가요?

"예, 저는 아무개 교회 다닙니다.

"아무개 교회요? 그 교회는 이단입니다! 나오셔야 합니다. 건강하고 전통적인 교회, 이단이 아닌 교회를 다니시기 바랍니다."

"예, 그렇게 하겠습니다."

"예, 감사합니다. 늘 건강하시고 승리하세요."

청년과의 통화는 그것으로 끝이라고 생각했습니다. 제 차는 우리 병원 건물의 주차 담당 아저씨가 바쁜 저를 대신해 잘 수리해 놓았습니다. 비용도 생각만큼 많이 들지 않았습니다. 차는 새것처럼 수리되었고, 저는 그 일을 금세 잊어버렸습니다.

그리고 약 2주 후, 그 청년이 우리 건물에 또 배달할 일이 생겼는지 저를 다시 찾아왔습니다. 이번에는 사고를 내서가 아니라, 작은 음료수 상자를 하나 사 들고서 제게 인사하러 온 것이었습니다.

"원장님, 그때 일은 참 감사합니다. 원장님의 용서 아니었으면 회사에서 제 입장이 힘들 뻔했습니다. 그리고, 제가 원장님 말씀 듣고 그 이단 교회 나왔습니다."

"할렐루야! 참 잘 했구나. 주님의 은혜입니다."

정말 행복했고 감사했습니다. 제 차에 사고를 낸 것조차 주님께서 그 청년을 이단에서 벗어나게 하시기 위한 과정 같았습니다. 주님께 감사와 영광을 이 찬송으로 올려드렸습니다.

> 날 구원하신 주 감사 모든 것 주심 감사
> 지난 추억 인해 감사 주 내 곁에 계시네
> 향기론 봄철에 감사 외론 가을날 감사
> 사라진 눈물도 감사 나의 영혼 평안해
>
> _ J. A. Hultman 곡, 문정선 역

전도는 일상의 습관이어야

전도는 신앙생활을 하는 가운데 여유가 생겨서 하는 문화생활이나 취미생활이 아닙니다. 생명을 살리는 일입니다. 그러므로 전도는 일상의 생활에서 습관이어야 합니다. 평소 삶으로 보여주고 삶으로 전하는 '일상 전도'를 해야 합니다. 날 잡아서 하는 특별행사가 아닙니다. 삶과 죽음의 기로에 선 영혼들을 위한 일이며, 우리가 삶의 현장에서 드리는 거룩한 예배입니다. 그래서 어쩌면 전도 자체가 생명인지도 모릅니다.

십자가에서 주님의 생명이 우리에게 전해졌다면, 이 거룩한 사랑 앞에서 우리가 당연히 수시로 해야 할 영적 고백은 전도입니다. 이런 전도를 연중행사로, 총동원 주일 프로그램으로, 이웃초청잔치 정도로 전락시켰다면 회개해야 합니다. 전도를 돈으로 살 생각은 아예 하지도 말아야 합니다. 간혹 전도했다는 티를 내고 싶어서 아는 사람에게 돈을 주고 교회 한번 오게 하는 경우가 있는데, 그렇게 돈으로 산 전도, 돈 때문에 교회 온 영혼은 곧 사라지게 됩니다.

이제는 교회가 세상에서 이미지 개선을 해보겠다는 생각으로 하는 일시적 전도 프로그램을 접고, 오직 영혼 구원에 초점을 맞춘 본질적이고 원초적인 일상 전도에 매진할 때입니다. 주님께서 목숨으로 우리에게 생명을 주셨으니, 우리도 목숨을 걸고 영혼을 구원하는 전도를 해야 합니다. 실제로 목숨 걸 듯 전도해야 한다는 뜻이기도 하지만, 저는 이 말을 목숨(생명) 그 자체인 삶으로 전도해야 한다는 뜻으로도 말하고 싶습니다.

전도는 말로 하는 것이 분명하지만, 그 전에 삶이 전도하는 것입니다. 사는 것은 거룩하지 못하고 본이 되지 못하는데, 남을 배려하지 않고 친절하지도 않은데, 어떻게 어쩌다 기회를 얻어 말로 복음을 전한다고 해서 전도가 되겠습니까? 전도는 삶이 하는 것입니다. 삶이 전도입니다.

주님이 주체이신 전도

의사로서 저의 첫 전도 간증 도서인《의사전도왕》을 낸 해가 2001년이었습니다. 그 후 '전도왕'이라는 단어를 붙인 책이 유행처럼 줄을 이어 나왔습니다. 그때만 해도 그만큼 전도에 관심이 많았고 교회마다 전도하는 열심도 뜨거웠던 것 같습니다. 교회는 그렇게 전도하는 만큼 부흥하는 것 같았습니다. 간혹 세상의 칭찬을 받기도 했습니다.

그런데 요즘은 전도가 잘 안 된다고 말합니다. 심지어 교회가 세상을 걱정하는 것이 아니라 세상이 교회를 걱정한다고 지적합니다. 기독교가 세상에 근심거리가 되었다고 꼬집기도 합니다. 그래서 전도하기가 어렵다고 핑계하는 것입니다. 아닙니다. 저는 그렇게 생각하지 않습니다. 그건 몰라도 정말 모르고 하는 이야기입니다.

세상의 관점이 아니라 주님의 관점을 회복합시다. 전지전능하신 우리 주님께서 못하실 일이 뭐가 있습니까? 그동안 우리는 지나치게 세상의 관점에 영향을 받고 있었습니다. 주님께서 주체이신 전도는 됩니다. 주님께서 도와주시는 전도는 되고도 남습니다. 충분히 됩니다. '꼬옥' 됩니다.

우리가 주님의 사랑에 한결같이 반응하며 노력하는 전도의 의무
와 책임감을 가져야 합니다. 전도가 안 될 이유가 넘치는 정도도 아
니고 될 수 있는 이유조차 거의 없어도, 주님께서 함께하시면 됩니
다. 없는 것에서도 있게 하시고, 사막에도 길을 내시고, 홍해를 가르
시고, 골리앗도 쓰러지게 하시고, 여리고 성도 무너뜨리시고, 물 위
를 걸으시고, 죽은 자를 살려내시는 우리 주님께서 반드시 도와주십
니다.

항상 겸손하게 주님의 은혜를 감사하며, 하나님이 당신의 모든 것
이 되게 하십시오. 그러면 죽어가는 안타까운 영혼이 보일 것입니다.
지금 바로 전도의 영을 구하십시오.

사명이니까 감당할 수 있어

그리스도인이라면 누구나 전도의 중요성과 필요성을 잘 알고 있습
니다. 그러나 대부분은 아는 것까지입니다. 실제로 행동하지는 않습
니다. 전도는 은사 받고 성령 충만한 특별한 사람들이나 하는 일이라
고 생각합니다. 전도는 은사가 아닌데도, 자신은 전도의 은사가 전혀
없다고 생각합니다. 열심을 내서 전도에 순종해보지도 않고 막연히
어렵다고만 하는 것입니다.

자신에게 전도의 은사가 없다고 생각하는 이면에는 전도의 어려
움과 부담감을 넘어 공포심마저 있어 보입니다. 그러나 이런 선입견

은 모두 오해입니다. 전도는 주님의 명령이요 성도라면 누구나 함께 해야 할 사명입니다.

주님께서는 우리에게 명령을 내리시면 감당할 시험만 주십니다. 전도를 명하셨으니 할 수 있는 능력도 용기도 지혜도 주십니다.

사실 역사상 지금처럼 비교적 자유롭고 행복하게 복음을 전할 수 있는 시대도 없었습니다. 우리가 받은 사랑과 은혜, 기쁨과 행복을 주위에 조용히 흘러넘치게만 하면 됩니다. "우리는 보고 들은 것을 말하지 않을 수 없다"(행 4:20)고 고백한 예수 제자의 심정이면 됩니다. 그런 마음을 품기를 바랍니다.

전도란 주님의 절대적인 사랑과 은혜를 받은 우리가 우리 안에 흘러넘치는 주님의 사랑과 은혜를 주변에 행복하게 전하는 것입니다. 예수님을 믿지 않는 이웃들이 예수님을 믿고 구원받기를 바라며, 기쁜 마음으로 예수님의 사랑을 나누어 주는 것입니다. 그래서 그들도 우리와 함께 예수님의 복음으로, 예수 그리스도의 사랑으로 구원받고, 행복하고 복된 삶을 살도록 도와주는 것입니다. 복음의 기쁨을 행복하게 나누며, 기도하고 도와주며 주님을 영접할 때까지 기다리는 것입니다. 나아가 복음을 들은 사람들이 은혜받고 영적으로 성장

하여 다시 다른 사람을 전도해올 때까지 관심을 가지고 중보하는 것
이기도 합니다.

말만 거룩하게 하지 말고

우리가 복음을 진심으로 잘 전하려 한다면 말만 거룩하게 하기보다
실제로 거룩한 삶을 살아야 합니다. 거룩한 말을 한다고 거룩한 사람
이 아닙니다. 세상과 구별된 삶이 힘이 있기 때문입니다.

그리스도인으로서 주위의 믿지 않는 연약한 이웃들에게 거북한
삶이 되어서야 되겠습니까? 말씀에 순종하지 않으면 거룩해지지 못
하여 거북한 삶이 됩니다.

> 내가 복음을 전할지라도 자랑할 것이 없음은 내가 부득불 할 일임이라 만일 복음
> 을 전하지 아니하면 내게 화가 있을 것이로다 _고전 9:16

진정으로 거룩한 삶을 삽시다. "내가 거룩하니 너희도 거룩하라"
(레 11:45)고 하신 주님의 말씀에 의지하여 거룩한 삶을 살아냅시다.

한편, 전도하면 자연스레 거룩한 삶을 살 수밖에 없게 됩니다. 전
도하는 그리스도인이 어떻게 죄를 짓고 불신자가 보기에 본이 되지
않는 삶을 살 수 있겠습니까? 거룩한 삶을 살면 전도하게 되고, 전도
하면 거룩한 삶을 살게 됩니다. 만일 말로는 예수 믿고 교회 나오라

고 전도하면서 실제 삶은 도덕적이지 못하다면, 과연 누가 그의 전도를 진심으로 듣겠습니까?

거룩한 삶은 또한 십자가를 지는 복음적인 삶입니다. 전도는 전도자가 희생하고 양보하는 복음적인 삶을 살아야 가능합니다. 일상에서 그렇게 거룩한 삶으로 전도하면 효과적이고 지속적으로 전도할 수 있습니다. 그리고 행복해집니다. 행복하면 기쁘고, 기뻐서 전도하면 지치지도 않습니다. 전도는 일상에서 행복한 하나님 나라를 경험하고 이루어가는 것이기 때문입니다.

우리가 주님의 십자가를 함께 지는 심정으로 조금만 더 기도하고 희생하고 양보하고, 더 손해보고 더 참아주고 더 사랑하고 더 낮아지고 더 겸손하고 더 온유해진다면, 그래서 삶으로 존경받는 그리스도인이 된다면 복음은 훨씬 수월하게 전해질 것입니다.

다시 강조하지만, 전도는 기쁘고 행복해서 해야 합니다. 누가 시켜서 억지로 하는 게 아니라, 일상에서 자연스럽고 행복한 마음으로 해야 전도의 열매도 확실히 많이 얻습니다. 행복하면 전도하게 되고, 어쩌면 행복하게 사는 그리스도인의 삶 자체가 전도입니다. 행복한 삶으로 행복하게 전도를 즐기시기 바랍니다. 즐기면서 전도하면, 전도가 편해집니다.

전도는 신앙의 종합선물세트요 축복의 통로입니다. 주님의 은혜를 전하기 위해 심부름하는 대단한 일인 것입니다. 보혈을 지나 하나님 아버지 품으로 영혼을 인도하는 일입니다. 내 영혼과 전도받은 사람의 영혼이 모두 새롭게 되는 복된 일입니다.

보혈을 지나 하나님 품으로 보혈을 지나 아버지 품으로
보혈을 지나 하나님 품으로 한 걸음씩 나가네
존귀한 주 보혈이 내 영을 새롭게 하시네
존귀한 주 보혈이 이 땅을 새롭게 하시네
_김도훈 곡

삶으로 하는 전도의 얼굴

삶으로 하는 전도는 여러 가지 얼굴을 하고 있습니다.

첫째, 무릎으로 기도하는 전도입니다. 기도가 전도의 시작입니다. 매일 전도대상자를 위해 중보기도를 하십시오.

둘째, 입술로 전하는 전도입니다. 말은 전도의 기본입니다. 전도지와 초청장을 전달하고, 말로 위로하고 격려하십시오.

셋째, 발로 찾아가는 전도입니다. 5번, 10번, 30번 이상 계속 방문해 보십시오. 대상자의 닫힌 마음의 문도 언젠가 열릴 것입니다.

넷째, 손으로 섬기는 전도입니다. 전도용 선물을 주고, 대상자를 위해 수고하고 함께 식사해보십시오.

다섯째, 마음으로 하는 전도입니다. 진정으로 마음을 담아 전도하면 대상자가 그 진심을 느끼게 됩니다.

저는 발을 부지런히 움직여 자주 전도하러 가서 말로 전하면 주님께서 자연스럽게 풀어가시는 것을 많이 경험했습니다. 작은 전도의 열정이라도 주님 안에서는 큰일을 만들어냅니다.

02. 예배하고 찬양하는데 전도는 왜 안 할까요?

자신이 타성에 젖은 성도인지, 참 제자인지 구분하는 시금석은 전도입니다. 전도하지 않는다면 타성에 젖어 있을 가능성이 높습니다. 성도가 타성에 젖어 있다는 말은 교회 가고 예배드리고 찬양은 하지만 전도는 하지 않고 살아가는 것을 말합니다.

척 롤리스 박사는 "교인들이 예배와 찬양은 잘 하지만 전도는 왜 하지 않는가?"라는 질문에 대해 다음과 같이 분석했습니다.

1. 전도가 무엇인지 잘 모른다.
2. 전도가 신앙생활의 필수 의무라고 생각하지 않는다.
3. 주변에 전도하는 신자로서의 롤모델이 없다.
4. 교회가 전도훈련 프로그램을 제공하지 않는다. 그래서 전도하는 법을 잘 모르고, 배울 시간도 없지만 배우기도 싫어한다.
5. 나만 잘 믿으면 되지, 내가 아니더라도 전도할 사람은 많을 거라고 생각한다.
6. 편하게 신앙생활을 하고 싶다. 어렵게 살기 싫다.

7. 목회자부터 전도하지 않으니 본이 안 된다.

8. 교회 안에서 인간관계에만 충실하면 되지 다른 사람에게 더 열심을 내기 싫다. 그런데 전도하라니 번거롭고 성가시다.

9. 불신자에게 별 관심이 없다.

10. 전도는 가치가 낮은 일이고 수준 낮은 그리스도인이 하는 일로 착각한다. 전도자는 광신자로 오해받으니 그냥 우아하게 신앙생활하고 싶다.

11. 지금 이대로가 좋다.

12. 개인주의 세상인데, 다른 사람에게 전도해서 피해 주기 싫다.

13. 살기 바빠서 전도할 틈도 없다.

14. 전도는 교회 성장과 확장의 수단일 뿐, 목회자의 욕심을 채우려는 일이라고 생각한다.

15. 전도에 은사가 없다.

왜 전도를 두려워하는가?

전도하지 못하는 이유는 내성적이거나 소극적인 성격과 상관이 없습니다. 은사가 아니라는 것도 핑계입니다. 사실은 전도하기가 두려울 뿐입니다. 하지만 전도를 두려워할 이유가 무엇입니까? 하나님이 주신 최고의 선물인 구원과 영생을 자랑하는 것이 전도입니다. 구원받은 우리는 주님의 십자가 사랑에 빚진 자의 심정으로 고난도 어려움도 모두 감사하며 이겨낼 수 있습니다. 우리가 하는 전도는 예수님의 십자가와 크신 사랑의 수고에 비하면 정말, 정말 작은 일입니다.

> 천 번을 불러 봐도 내 눈에 눈물이 멈추지 않는 것은
> 십자가의 그 사랑 나를 살리려 지신 그 십자가
> 모든 물과 피 나의 더러운 죄 씻으셨네
> 나를 향한 그 사랑 생명을 내어주사
> 영원한 생명을 내게 주심을 감사해
> 천 번을 불러도 내 눈에는 눈물이 멈추지 않는 것은
> 십자가의 그 사랑 나를 살리려 하늘 보좌 버리신
> 나를 사랑하신 분, 그분이 예수요
>
> _이권희 곡

전도는 이벤트(event)도 프로그램도 아님을 인식하십시오. 전도는 기술의 차원을 넘어 영적으로 하나님의 마음을 받아야 할 수 있는 것입니다. 성령님의 인도를 따라야만 계속해서, 한결같이, 끝까지, 지속적으로 할 수 있습니다.

그동안 전도해야 한다는 생각이 머리에만 머물러 있었다면, 이제는 마음(심장)으로, 그리고 손과 발로 움직이도록 연결해야 합니다. 복음은 삶이요 밥이요 우리의 생명이요 생존의 근본입니다. 그러니

전도가 어떻게 겉치레로 하고 말 일이겠습니까?

예수님이 나를 위해 십자가를 지시고 피 흘리셨으며, 그 보혈에 대해 감사와 기쁨과 감격을 되새김질하는 일이 바로 전도입니다. 그분의 은혜로 구원받은 그리스도인의 숙명이며 운명이며 살아있는 예배입니다. 전도는 삶으로 드리는 예배이며, 전도가 곧 예배입니다.

끝까지 많이, 풍성하고 넉넉하게

전도자는 축복받은 사명자로서 살아가는 사람이므로 행복합니다. 전도자는 다소 불편해 보이는 헌신과 섬김과 친절도 마다하지 않습니다. 복음이 주는 기쁨 때문에, 복음에 빚진 마음이면 그렇게 할 수 있습니다.

복음에 빚진 자로서, 늘 빚진 마음으로 하는 전도에는 끝이 없습니다. 이만큼 하면 다 되었다는 것도 없습니다. 주님 앞에서 언제나 은혜에 빚진 자로 살며, 늘 "부족합니다. 감사합니다"라고 고백하는 것이 전도의 동력이 됩니다. 전도할 대상을 계속 찾으면 잃어버린 영혼이 자꾸 보입니다.

이제는 세상 재미에만 빠져 있지 말고 영혼 구원에 흥미를 가져보십시오. 인생이 변합니다. 다 변합니다. 성령의 사람이 됩니다. 참 행복합니다. 제가 그 증거입니다. 끝까지 전하십시오. 많이 전도하십시오. 넘치게 베푸십시오. 잃어버린 드라크마를 찾듯, 어린양을 찾듯,

집 나간 아들이 돌아오기를 기다리는 아비의 심정으로 전도하며 사는 삶이 참으로 복된 것입니다.

전도는 천하보다 귀한 영혼에게 복음을 전하는 일입니다. 그래서 특별히 주님께서 복음 전도를 위해 사용하는 물질은 반드시 채워 주십니다. 더 풍성하게 채워 주십니다. 물질이 없어 전도를 못하는 게 아니고 우리에게 담대한 믿음과 열정이 없는 것입니다.

풍성하고 넉넉하게 전도하십시오. 집 나간 아들이 돌아올 때 아버지가 재산을 아끼지 않고 잔치를 베풀었듯, 복음 전도를 위해서라면 물질을 아끼지 않기를 바랍니다. 우리가 가진 물질로 영혼을 구한다면 그 물질을 가장 값지게 사용한 것이 됩니다.

특히 청소년과 청년들에게 전도할 때는 우선 잘 먹이고 난 다음 전도를 시작해야 합니다. 먼저 지갑을 여시기 바랍니다. 사랑의 공궤는 천하보다 귀한 영혼을 살립니다.

장병 500명에게 피자를 쏘다

2009년 7월 31일 명지대학교에서 지구촌교회 청년집회를 인도했습니다. 같이 강사로 섬겼던 분들과 교제를 나누고, 오랜만에 이동원 목사님과 점심도 함께 했습니다. 피곤했지만 새벽이슬 같은 주의 청년들을 섬겨서 감사했습니다.

다음날, 제가 8월 16일에 집회하기로 계획돼 있던 모 육군사단 군

종께서 보내주신 《만선을 꿈꾸며》라는 칼럼집을 읽었습니다. 그 책에는 군 장병들이 제일 먹고 싶어하는 음식은 사실 초코파이가 아니라 '피자'라는 내용이 있었습니다. 칼럼을 쓴 군종 목사님은 장병들에게 피자를 사주는 '피자군목'이 되고 싶다고 했습니다.

그 글을 읽는 순간, 어제 청년집회에서 교제를 나누었던 피자 회사 사장님이 생각났습니다. 바로 전화를 했습니다. 전후 사정을 이야기하니 큰 피자를 30판이나 주시겠다고 약속했습니다. 여호와 이레의 주님을 찬양합니다. 장병 500명이 다 먹을 수 있는 양은 아니지만 그래도 감사했습니다. 주님은 참 멋진 분이십니다. 우리가 전도하려고만 하면 채워주십니다.

저는 8월 16일 집회 때, 그 사장님이 주신 것에 보태 총 500여명이 먹을 피자를 주문하기로 마음먹었습니다. 장병들이 피자를 먹고 행복할 것을 생각하니 얼마나 기쁜지요.

8월 16일은 필리핀 의료사역을 마치고 돌아와 여러모로 감사가 충만하고 기분 좋고 은혜로운 날이었습니다. 예배 때 본 어린 장병들이 마치 제 아들 같았습니다.

"예수님 잘 믿고, 군대 생활에서 보람과 은혜를 누리기 바랍니다. 복무기간에 신앙이 더욱 깊어지기 바랍니다. 하나님은 여러분을 눈동자처럼 지키실 것입니다. 주님 안에서 늘 믿음으로 승리하기를 축복하고 기도합니다."

집회 당일, 이렇게 축복의 말씀을 전하고 피자와 콜라를 나누어주었습니다. 얼마나 좋아하며 잘 먹는지, 제 아들 창엽이 또래인 20세 전후의 어린 장병들을 보니 저도 모르게 눈물이 맺혔습니다. 그들을 위한 기도가 절로 나왔습니다.

"주님, 저들이 다 건강하게 해주시고, 3년 복무 잘 마치고 가족의 품으로 안전하게 돌아가게 해주시옵소서. 이들은 세계에서 유일한 분단 조국 대한민국의 건아들입니다. 이 장병들에게 복 주시옵소서. 남북이 총부리를 겨누고 있는데, 이들이 허튼일에 청춘을 사용하지 말게 하시고 주님과 세계 평화를 위해 사용하여 주시옵소서. 이 나라를 불쌍히 여겨주시고 빨리 통일되게 하여 주시옵소서. 예수님의 이름으로 기도합니다. 아멘"

눈물의 기도가 나왔습니다. 그날 저는 작은 천국을 맛보았습니다.

은사는 다양해도 목적은 하나

전도에도 빈익빈, 부익부가 있습니다. 많이 전도하면 주님께서 불신자를 더 많이 붙여주십니다. 반대로 전도하지 않으면 은사와 권능이 말라 결국 전도를 안 하게 됩니다. 전도하면 더 전도하게 되고, 전도하지 않으면 더 전도하지 못하게 됩니다.

전도는 그리스도인이라면 꼭 해야 할 필수요 당연한 도리입니다 (벧전 2:9). 다만 교회에 다양한 사람이 있듯이 사람들의 은사도 다양합니다. 성격과 스타일이 다른 것입니다.

몸은 하나인데 많은 지체가 있고 몸의 지체가 많으나 한 몸과 같이 그리스도도 그

러하니라 _고전 12:12

제가 미국 중부지역의 모 교회에 집회를 인도하러 갔습니다. 교회 목사님과 몇몇 교인들이 저를 감동적으로 섬겨주었습니다. 제가 강사이지만 오히려 감사하여 목사님과 부목사님 부부에게 식사를 대접하기로 했습니다.

멕시코 식당에 가서 참 맛있게 저녁을 먹었습니다. 그 식당에서 옥수수로 만든 토르티야(tortillas)가 식전에 나왔는데, 너무 맛이 있어 많이 먹는 바람에 메인 요리를 먹기도 전에 이미 배가 불렀습니다.

옥수수도 종류가 다양하다고 합니다. 노란색, 갈색, 붉은색, 검은색, 심지어 점박이 옥수수도 있습니다. 그런데 사람들 대부분이 점박이 옥수수는 잘 먹지 않는다고 합니다. 요리 연구가들은 음식 재료가 모양이 균일해야 하기 때문이라고 분석합니다. 그러나 점박이 옥수수는 맛이 좋습니다. 특히 토르티야를 만드는 데 좋은 재료가 된다는 설명을 그 식당 주인에게 들었습니다.

교회는 단색 옥수수라기보다 점박이 옥수수에 가깝습니다. 다양한 사람들이 모이기 때문입니다. 우리는 교회에서 다양한 모습으로 섬깁니다. 하나님의 다양성과 창조성을 보여주는 것입니다. 이제는 교인끼리 능력과 배경은 물론이고 심지어 언어와 국적까지 다른 경우도 있습니다. 그러나 주님께서는 우리의 다양성을 통해 일하시기

를 기뻐하십니다.

교회가 하나님이 원하시는 모습이 되려면 우리는 서로가 반드시 필요합니다. 그러므로 은사가 달라도 서로 존중하며 섬겨야 합니다. 게다가 우리의 목적은 한 가지입니다. 주님의 군사, 제자, 일꾼으로서 전도하는 것입니다. 우리의 다양한 삶과 은사로, 다양한 영역에서 다양한 방법으로 영혼을 구원해야 합니다. 그래야 교회가 더 건강해지는 것입니다.

하나님은 우리가 다양한 모습으로 각자 은사를 따라 전도하는 것을 기대하시지만 결코 강요하지는 않으십니다. 하나님은 우리가 우선 행복하기를 원하십니다. 의무나 책임을 넘어 일상에서 신나고 기쁘고 행복해서 전도하기를 원하십니다. 전도는 행복한 일이고, 행복해야 전도할 수 있기 때문입니다. 그럴 때 당신은 하나님의 축복의 통로가 됩니다.

생각에서 머물지 말고

우리가 일상에서 삶으로 전도하면 다음과 같은 성숙을 누릴 수 있습니다.

1. 친절하고 겸손한 사람이 됩니다.
2. 믿음이 성장하고 성숙해집니다.

3. 기도와 말씀에 균형 잡힌 신앙인이 됩니다.

4. 부지런하고 명랑하고 긍정적인 사람이 됩니다.

5. 매사에 자신감이 있고 표현력이 향상됩니다.

6. 끈기와 인내심이 생기고, 설득력이 향상됩니다.

7. 건강의 축복을 누립니다.

8. 영혼의 소중함을 알게 됩니다.

9. 삶의 활력이 넘치고 인간관계가 좋아져 보람된 삶이 됩니다.

10. '미인대칭'(미소, 인사, 대화, 칭찬)으로 인격적인 삶이 됩니다.

전도하면 삶이 고통 중에 있다 해도 기쁨이 있습니다. 감사가 있습니다. 당연히 행복합니다. 주님 때문입니다.

전도자의 인생은 은혜로 사는 것입니다.

전도자의 인생은 기도하는 삶입니다.

전도자의 인생은 사랑으로 치료되는 것입니다.

전도자의 인생은 용서로 회복되는 것입니다.

전도자의 인생은 주님의 격려로 이겨내는 것입니다.

전도자의 인생은 역경을 극복할 때 기쁨이 있습니다.

03. 전도는 기술이 아니라 삶의 고백입니다

구원에 대한 참된 은혜와 감사와 감격이 있으면 반드시 복음을 전하게 됩니다. 전하지 말라고 만류해도, 어떤 대가와 희생을 치르더라도 전하게 됩니다. 복된 소식, 복음이기 때문입니다.

그리스도의 사랑이 우리를 강권하시는도다 … 오직 그들을 대신하여 죽었다가 다시 살아나신 이를 위하여 살게 하려 함이라 _고후 5:14-15

제가 병실에서 죽음을 앞둔 환자들에게 절박하게 복음을 전한 적이 종종 있었습니다. 그 분들에게는 더 자주 회진하고 더 친절하게 대했습니다. 드레싱도 자주 해드리고 더 많이 배려하고 관심을 기울였습니다. 저는 드레싱을 해드릴 때 이 찬송을 부르기도 했습니다.

주 예수사랑 기쁨 내 마음속에 내 마음속에
주 예수사랑 기쁨 내 마음속에 내 마음속에 있네
나는 기뻐요 정말 기뻐요 주 예수사랑 기쁨 내 맘에

나는 기뻐요 정말 기뻐요 주 예수 사랑 기쁨 내 맘에

_John W. Peterson 곡

복음을 전하려고 하니 자연스럽게 이런 노래도 부르게 되었습니다. 환자가 고비를 못 넘겨 예수님을 영접하지 않고 돌아가면 '불신 지옥'인데 싶어 새벽에 회진을 간 적도 있었습니다. 구원의 때를 놓쳐선 안 된다고 생각했기 때문입니다. 성령님께서 일어나 찾아가라고 명령하신 것입니다. 그 말씀에 이끌려, 새벽에 찬 공기를 가르며 달려가던 그 길을 잊지 못합니다.

저는 환자를 만나는 일은 주님을 만나는 일이라고 생각합니다. 환자의 손은 제가 잡고 있지만 제 손은 주님께서 꼭 잡고 계십니다. 제가 기도할 때, 주님께서는 그 영혼을 위해 더 간절히 기도하십니다. 그러면 환자도 보호자도 감동하고, 주님의 은혜에 모두 감격하여 울면서 기도할 때가 많습니다. 그렇게 은혜받은 환자들이 주님의 은혜로 회복하여 퇴원할 때 이렇게 물어보곤 합니다.

"교수님께서 믿는 예수님을 저희도 믿어도 되나요?"

제가 안 된다고 어떻게 말합니까?

전도는 행사도 테크닉도 아닙니다

전도는 기독교의 본질을 회복하는 그리스도인의 역할이자 존재 가치입니다. 예수님으로 인해 행복하게 살아가는 삶의 현장에서 드리는 행복한 고백입니다. '예수님은 나의 구주시며 살아계신 하나님의 아들입니다'라는 복음의 고백은 삶에서 어떤 대가를 지불하더라도 사수해야 할 모든 그리스도인의 최고의 가치입니다.

그런데 한국교회가 전도를 기술적인 일로 치부해버린 것은 아닌지 우려됩니다. 해마다 해야 하는 행사로 전락시킨 것은 아닌지 안타깝습니다. 일부 성도들이 "새 생명 축제를 앞두고 태신자를 어떻게 하면 교회에 데리고 올까?" 하고 전전긍긍하는 모습은 안쓰럽기 그지없습니다.

이런 가운데 '불신자에게 미끼를 던진다'는 식의 저급한 표현까지 써가며 어떻게든 프로그램과 이벤트를 통해 사람들을 교회에 끌어들이려는 전도방식이 과연 옳은 일일까요? 예수 그리스도의 피 묻은 복음이 우리의 삶으로, 말로, 행동으로 고백되지 않는다면, 봄과 가을마다 여는 태신자 전도축제를 아무리 열심히 준비하고 잘 진행해도 허공을 치는 꽹과리 소음에 불과할 것입니다.

사실 전도는 그리스도인의 삶의 결실이라고 저는 생각합니다. 평소의 삶이 직장 동료와 이웃 사이에서 그리스도의 선한 영향력을 끼치는 섬김과 모범을 보였다면, 주변 사람들이 작은 예수로서의 우리의 삶에 영향과 감동을 받아, 얼마든지 관계 가운데 전도되어 교회에 나오리라 믿습니다.

이제 우리나라만 하더라도 복음이 전해지지 않은 지역은 거의 없다시피 합니다. 미전도지역을 살피는 일 못지않게, 우리에게 따뜻한 복음 중심의 삶이 드러나고 있는지도 자주 살펴야 할 것입니다. 생명의 복음이 우리 삶에 나타나지 않았기 때문에 믿지 않는 사람들이 변화되지 않는 현실이 오히려 문제입니다. 그런 현실을 만든 책임은 자기 중심적이며 이기적인 크리스천을 양산했던 교회, 바로 우리 자신에게 있지 않을까요?

믿지 않는 영혼에 대한 아버지의 마음, 아버지의 눈물이 우리 눈에서 사라진 지 오래되었습니다. 이 시대에 순수한 복음이 메마르고, 크리스천의 삶의 현장에 살아있는 영성이 부족해 보입니다. 이 참담한 현실의 중심에 저처럼 못난 크리스천이 있음을 고백하지 않을 수 없습니다.

지금까지 전도를 테크닉(기술과 방법)이라고 생각하는 성도나 교역자들이 있었다면, 이제부터는 전도가 삶의 고백이요, 예배요, 주님을 향한 눈물이요, 절규인 것을 인정하고 선포합시다.

전도인가, 행사인가?

전도는 교인 수를 늘리려는 수단이라기보다, 본질적인 의미에서 교회의 영적 부흥의 기초입니다. 잃어버린 영혼, 안 믿는 사람에게 복음을 전하는 것이기 때문입니다. 교회 건물과 편의시설 자랑, 프로그램과 목사님 자랑을 하는 것은 전도가 아닙니다.

요즘은 교회마다 사회사업이다 카페다 하며 경쟁하다시피 과다한 외형적 사업과 겉치레 포장으로 몸살을 앓고 있습니다. 과거에 하던 전도방식으로는 세상이 교회의 전통적인 복음 전도에 반응하지 않기 때문입니다.

과거, 성도들의 믿음과 행함이 동전의 양면처럼 붙어 있을 때는 사회가 교회를 인정하고 기독교인을 존경해마지 않았습니다. 그러나 언제부터인가 믿음과 행함이 분리되면서 교회와 성도는 물론 하나님까지 폄하되기 시작했습니다.

사회의 반응이 어떠하든, 교회마다 지금도 여전히 성장을 지향하며 전도에 열을 올리고 있습니다. 해마다 봄가을의 전도 시즌이 되면 참 기발한 아이디어를 볼 수 있습니다. 새 생명 축제, 새 생명 전도, 친구 찾기, 해피 데이 등 다양한 이름으로 전도를 위한 행사를 엽니다. 그 구체적인 방법도 다양하고 특별합니다. 저는 심지어 집회하러 간 어느 교회에서 이런 현수막을 보았습니다.

"장로 10명, 권사 5명, 안수집사 5명, 집사 1명 전도하기!"

"100명 전도하면 냉장고, 15명 전도하면 김치냉장고, 30명 전도하면 컴퓨터, 10명 전도하면 자전거, 5명 전도하면 전기밥솥, 1명 전도하면 도서상품권."

교회 직분자로서 전도에 책임을 지고, 전도의 '실적'을 많이 낸 교인을 격려한다는 취지는 이해가 됩니다만, 만약 전도받아 교회 온 새신자가 이런 '내막'을 알게 된다면 어떻게 생각할까요?

다른 교회 다니는 집사 친구를 하루 자기 교회로 오도록 하고, 자신도 그 친구가 출석하는 교회의 새 생명 축제에 가주는 '품앗이'를 했다는 이야기도 들었습니다. 자신이 다니는 회사의 부하직원들을 동원하여 전도왕이 되고 전도 시상 때 상도 받은 사람도 있었다고 합니다.

어떻게 해서든지 사람을 불러모아서 '행복한 날'을 치르면 된다고 생각하는지, 이렇게라도 해서 교인이 늘면 부흥이 된다고 생각하는지, 참 안타깝습니다.

유명 연예인을 내세우는 식으로 인원 동원이 목적인 '행사를 위한 행사'는 수백, 수천만 원의 행사비를 사용하고도 실제 전도에 아무 도움이 되지 않을 수 있습니다. 그러나 한국의 교회들은 일 년 내내 그런 행사를 계속합니다. 그래서인지, 언제부터인가 성도들은 전도라는 가장 중요한 일이 식상한 일이 되었고, 해봐야 안 되는 일이라는 선입견을 가지게 된 것 같습니다.

현실에서 불신자가 교회 나오게 하기가 너무 어렵고, 교회는 기존 교인에게 강요 아닌 강요를 하게 되니, 이렇게라도 행사를 열어야 하는 교회들이 이해가 되기도 합니다. 교회마다 이처럼 온갖 노력과 수고를 하고 있는데, 부디 전도로 말미암은 '후유증'이나 부작용이 없고 선한 영향력이 있기를 기도할 따름입니다.

잃은 영혼을 향한 아버지의 마음으로

전도가 단지 한 교회를 수적으로 팽창시키고 사람을 끌어들이는 일시적인 수단으로 변질되었다면, 이제는 영혼을 사랑하는 순수한 하나님 아버지의 마음을 회복해야 할 것입니다.

아버지 당신의 마음이 있는 곳에 나의 마음이 있기를 원해요.
아버지 당신의 눈물이 고인 곳에 나의 눈물이 고이길 원해요.
아버지 당신이 바라보는 영혼에게 나의 두 눈이 향하길 원해요.
아버지 당신이 울고 있는 어두운 땅에 나의 두 발이 향하길 원해요.
나의 마음이 아버지의 마음 알아
내 모든 뜻 아버지의 뜻이 될 수 있기를,
나의 온 몸이 아버지의 마음 알아 내 모든 삶 당신의 삶 되기를.

_박용주 사, 설경욱 곡

언제나 본질적인 신앙의 질문을 던지는 성도가 됩시다.

"일시적 유익인가? 영원한 가치인가?"

"영생(永生)인가? 영벌(永罰)인가?"

"주님인가? 세상인가?"

"나의 영광 중심인가? 주님 영광 중심인가?"

"성경에 근거한 전도인가? 세상에 근거한 전도인가?"

무엇이 주님의 영광을 위한 일인지, 신앙의 본질과 핵심원리를 잘 이해하고 살아갑시다.

전도는 평소 삶의 현장에서 시작된다

정말 전도하려면 일터에서부터, 평소에 삶의 현장에서 그리스도인다운 모습을 보여주어야 합니다. 삶으로 자연스럽게 그리스도의 향기를 내뿜어야 하는 것입니다. 그럴 때 믿지 않는 영혼들이 우리에게 이렇게 물을 것입니다.

"당신은 도대체 뭘 믿는데 사업에 실패해도 그렇게 당당하고 얼굴에 힘든 기색이 없습니까?"

그러면 웃으며 이렇게 대답하십시오.

"저는 예수님을 믿습니다. 예수님은 나의 구주이십니다. 저는 교회 다니고 매주 예배드립니다. 그게 참 좋아요. 제가 비록 사업에 실패했지만 언젠가 주님이 도와주셔서 다시 일어날 것입니다. 제가 믿는 주님은 전지전능하시고 신실하신 하나님이십니다. 예수님은 길이요 진리요 생명이십니다."

"예, 예수님이 인생의 답이시네요. 그렇다면 저도 그 예수님을 믿어도 되나요?"

"하하, 제가 안 된다고 어떻게 말할 수 있습니까? 되지요, 되고 말고요! 형제님(자매님)도 오늘부터 예수님 믿고 신앙생활 시작하십시오. 가까운 교회 가셔서 예배드리십시오. 교회가 잘 도와줄 것입니다."

04. 전도하려는 마음이 있는 한 성공합니다

우리가 전도하려는 마음이 있는 한 이미 전도에 성공한 것입니다. 이제 우리의 믿음과 신앙을 돌아보며, 전도를 삶의 우선순위에 세워야할 때입니다.

호세 베가라는 사람은 "많은 사람이 인생에서 가장 좋은 시절을 돈 버는 데 쓰고, 그러는 사이에 잃어버린 가치를 찾느라 남은 일생 내내 그 돈을 사용한다"고 말했습니다.

그리스도인은 자기에게 가장 좋은 시절을 주님께 드려야 합니다. 당신에게 가장 좋은 시절을 전도, 곧 영혼 구원을 위해 사용해보십시오. 전도를 사명으로 삼아보십시오. 기적이 일어날 것입니다.

어떤 일에 평생 사명을 가진 사람은 그 사명으로 인해 소명 인생이됩니다. 주님이 우리를 부르시고 생명이 끝나기 전까지 소명 인생의 사명은 끝날 수 없습니다.

저는 의사이지만 전도가 저의 평생 직업, 곧 소명이라고 생각하고 삽니다. 그래서 저는 하나님 나라에 들어가기 전까지 결코 퇴직이란 없습니다. 일이 없어 외로워하지 않을 것입니다.

인생 성패의 갈림길

인생 성공과 승리를 위한 멋지고 제대로 된 길은 오직 전도요 선교요 영혼 구원입니다. 우리가 전도에 생명을 걸면 우리 가정과 교회에 놀라운 일이 생길 것입니다.

인생의 성공과 실패는 주님께 소망을 두는 것에 좌우됩니다. 우리의 마음과 시간을 어디에 사용하는지도 중요합니다. 우선순위를 어디에 두느냐에 있는 것입니다. 주님께 우리 삶의 최우선순위를 두면 삶의 다른 문제들은 주님께서 자연히 풀어 가십니다.

경영학이나 자기계발서는 긴급하고 중요한 일을 먼저 하고 덜 중요한 것과 급하지 않은 일은 나중에 하라고 가르칩니다. 맞는 말이기는 합니다만, 우리가 언제나 먼저 해야 하는 일은 주님이 기뻐하시는 일입니다. 사실 이 세상이 어떤 것을 귀하다고 생각해도 주님이 귀하게 생각하지 않으시는 것일 수 있습니다.

> 그런즉 너희는 먼저 그의 나라와 그의 의를 구하라 그리하면 이 모든 것을 너희에게 더하시리라 _마 6:33

인생 성공과 승리의 길은 주님께서 귀하게 보시는 전도의 일을 먼저 하는 데 있습니다. 우리가 무심코 던진 전도의 말 한마디로 영혼이 구원되면, 그는 주님을 만나 진정으로 복된 삶을 살아갈 수 있습니다.

내 위로의 말 한마디가 주님을 만나게 하고, 용서의 말 한마디가 마음을 감싸줍니다. 나의 겸손한 말 한마디가 상대를 존귀하게 만들고, 격려하는 말 한마디가 관계를 회복시킵니다. 내 지혜의 말 한마디가 주님을 만나게 하고, 축복의 말 한마디가 생명을 살립니다. 사랑의 말 한마디가 사람들을 천국으로 인도합니다. 당신이 일터 현장에서 전한 예수님의 복음, 전도하는 말 한마디가 누군가의 영생을 좌우하는 것입니다.

전도를 삶의 최우선순위에 두고 살아 보세요. 하나님의 나라를 위해 가장 중요한 일, 주님이 기뻐하시는 일은 전도입니다. 삶의 원칙과 대의의 기준을 전도로 삼으면 전도라는 우선순위가 우리 삶에 자연스럽게 체득될 것입니다. 그리하여 우리가 일상에서 우선순위를 고민하지 않고도 항상 자연스럽게 주님을 위한 일을 먼저 하는 복이 함께 할 것입니다.

남을 배려하며 살 때 생기는 일

하나님나라의 복음을 전도하는 사람은 친절하고 배려합니다. 친절과 배려는 크지 않아도 상관없습니다. 작아도 큰 효과를 내는 일이 친절과 배려이니까요.

저를 비롯한 우리 병원(대암의원)의 직원들은 모든 환자에게 좋은 가족이 되기를 원하며 주님의 사랑으로 섬기려 애씁니다. 저희 병원은 한번 방문한 환우에게 일주일 안에 다시 전화해서 안부를 물어봅니다. "한 주간 잘 계셨는지요? 힘들지는 않으셨는지요? 치료는 잘되고 있으신지요?" 하고 묻습니다. 그러면서 예수님의 복음을 소개하고, 다시 외래로 찾아오시면 복음을 담은 소책자도 선물합니다. 격려하고 위로하며 진료하면 암 환자들도 잘 투병하여 병도 잘 낫게 되지만, 사랑의 말 한마디를 통해 예수님의 사랑과 구원의 복음을 전할수 있는 접촉점이 생기는 것입니다. 그렇게 예수님의 사랑을 나누면 환자도 병원의 직원들도 모두 건강해지는 복까지 누릴 수 있습니다.

일상에서 상대를 배려하며 화목하게 살려고 노력하며 기쁨으로산다면 복음 전도의 접촉점은 우리 일상에서 얼마든지 생기게 됩니다. 복도에 떨어진 휴지를 줍다가도 누군가와 눈이 마주칠 때 미소로인사한다면 참으로 신나는 하루가 될 것입니다. 옷에 묻어 있는 머리카락과 먼지를 털어주는 작은 섬김을 실천한다면 그 고마움을 오랫동안 기억할 것입니다.

음식점에서 종업원이 손님의 마음을 읽고 먼저 도와준다면 손님이 얼마나 기쁠까요? 이럴 때 '일상 전도'의 기회가 주어집니다. 상사든 아래 직원이든 동료가 잘한 일에 축복하고 칭찬을 아끼지 않는다면 직장에서 얼마나 신이 나게 될까요? 축하할 일이면 진심으로 축하하고, 위로가 필요한 사람에게 진정으로 위로한다면 우리의 일터는 얼마나 큰 기쁨의 현장이 될까요?

작아 보이지만 세심한 배려는 언제나 긴 감동을 줍니다. 다들 바쁘게 살기 때문에, 남을 의식하지 못하고 각자 어렵게 사는 우리 모두에게 과연 남을 향한 배려의 마음이 있는지 돌아보게 됩니다. 나 자신, 내 가족, 내 직장은 있지만, 상대를 무시하고 살 때가 더 많은 것 같습니다.

기쁨(Joy)이란 예수님(Jesus)을 먼저 생각하고, 그 다음 이웃(Others)을 생각하고, 그런 다음 너(You), 곧 우리 자신을 생각하는 것입니다. 그런 순서로 살 때 기쁨을 누리게 되는 것입니다. 자신을 위해 살기보다 남을 배려할 때 세상은 더 아름답고 기쁨이 넘칠 것입니다. 삶의 현장에서 세심한 배려로 평생 기억에 남는 감동과 은혜를 남겨보셨으면 합니다.

가장 큰 감동과 은혜는 영혼을 구원하려고 전도하는 데서 나오는 것입니다. 전도하면 기쁘고 행복해지며, 그렇게 얻은 기쁨과 행복 때문에 또 다시 전도하는 것입니다.

지금, 전도를 위해 당신의 웃음과 미소가 필요합니다.
지금, 당신의 웃음과 미소를 보여주세요.
지금, 당신의 위로와 격려의 말 한 마디가 필요합니다.
지금, 당신의 위로와 격려를 표정과 몸짓으로 보여주세요.
지금, 당신의 영혼을 사랑하는 기도를 들려주세요.
지금, 당신의 사랑의 기도가 필요합니다.
지금, 당신의 사랑을 보여주세요.

주님께 받은 그 사랑으로, 미소와 웃음과 진심 어린 표정으로 복음을 전해보세요.

실패 반복 후 성공의 법칙

그런데 문제는 전도가 항상 잘 되지 않는다는 것입니다. 저도 전도에 실패할 때가 더 많습니다. 제가 전도지를 내밀면 제 손을 탁 뿌리치면서 "아 됐어요" 하고 거부하는 사람도 있습니다. "쯔쯔" 하고 혀를 차며 이상하다고 쳐다보거나 '바쁜데 재수 없이 왜 이래?'라고 말하는 듯한 눈치를 줍니다.

저처럼 그렇게 거부당해보셨다면 결코 전도의 실패자가 아닙니다. 전도의 실패를 잠시 경험했을 뿐입니다. 실패에 위축되지 마십시오. 전도할 때 거절당하는 것은 당연합니다. 전도에 실패가 거듭되어도 계속하면 결국 전도에 성공하게 됩니다.

전도 실패 + 실패 + 실패 + 실패 + 실패 + 실패 + 실패 = 전도 성공!

이것이 전도 실패 반복 후 전도 성공의 공식입니다.

잃어버린 영혼을 찾아가 전도하기는 쉽지 않고, 예수님을 믿게 하기는 더 어렵습니다. 당연합니다. 하지만 전도의 실패를 디딤돌 삼아 행복한 전도의 미래를 열어가십시오. 전도의 실패에서조차 행복한 추억을 만드십시오. 강한 실패는 강한 통찰력을 학습하게 합니다. 저는 전도할 때 거부당하면 더 오기가 생기고 마음이 뜨거워집니다.

"다시 만나기만 해봐라! 내가 전도 안 하고 지나가나 보라고!"

우리가 주님을 믿고 있는 한 주님께서 우리를 다양하게 도와주셔서 언젠가는 전도에 성공하고 승리하게 되어 있습니다. 전도의 역경 극복을 통해 하나님의 사람으로서 더 성숙해집니다. 십자가의 고난과 사랑에 더 깊이 동참할 수 있습니다.

전도의 승리에 너무 조급하지 마십시오. 조금만 더 기다리면 우리의 실패 바로 옆방에 성공이 기다리고 있었음을 알 것입니다. 그러므로 전도하기 힘든 상황일지라도 조금 더 낙천적으로, 낙관적으로, 낭만적으로, 행복하게 복음을 말하기 바랍니다.

"오늘도 거절당했지만 괜찮아. 행복했다. 많은 사람이 아직도 예수님을 믿지 않으니 소망이 있다."

전도에 실패해도 그 속에 숨은 작은 성공을 발견하시기 바랍니다. 끝없는 실패 속에도 결국 '예수님 영접'이라는 성공의 결말이 기다리고 있음을 기대해보십시오. 전도에 실패할 수 없다고 자신을 압박하는 마음에서 자신을 해방시키십시오. 실패 가운데서도 빼앗긴 것이나 크게 잃은 것이 없고, 나는 아직도 살아있고 건강하고 건재한 것을 인식하면서 감사하십시오. 실패 속에서도 풍성한 전도의 행복을 누리시기 바랍니다. 우리는 완벽하지 않음을 인정하십시오. 여전히 전도하려는 마음이 있는 한 우리는 성공한 것입니다.

그러니 전도할 때 더 당당하게 하시고, 실패해도 자신과 타인을 원망하지도 심판하지도 정죄하지도 마십시오. '저 죄인들이, 사탄 마귀 새끼처럼 예수도 모르고!' 이러면 안 됩니다. 차라리 침묵 모드로 바꾸십시오. 자신 속에 있는, 나와 남을 비판하려는 생각을 접으십시오. 잠시 돌아가는 것뿐입니다. 실패에 함몰되지 말고 벗어나면 됩니다. 고민과 위축이 계속되지 않게 하십시오. 다만 전도할 때 얻은 실패의 교훈과 유익은 다 누려야 합니다. 다음에 다시 반복하지 않으면 됩니다. 조금 비싼 수업료를 지불했을 뿐입니다.

현장전도의 일곱 가지 '화'

다음은 우리가 전도하는 삶을 살아갈 때 지침으로 삼아야 할 현장 전도 7 '화'입니다.

1. 생활화 : 전도가 생활 속에서 자연스럽게 나타나도록 교회와 성도는 전도가 생활화되어야 합니다.

2. 체질화 : 교회와 성도가 어떤 상황에서도 전도할 수 있도록 전도를 체질화시켜야 합니다.

3. 습관화 : 교회와 성도는 전도를 습관적으로 할 수 있도록 습관화해

야 합니다.

4. 책임화 : 전도에 대한 부담감을 가져서 책임지고 전도하게 해야 합니다.

5. 의무화 : 예수님을 믿게 된 은혜를 알고 감격한다면 전도를 의무화해야 합니다.

6. 사명화 : 그리스도인으로서 영적 생명이 살아나게 되었다면 어떤 경우라도 전도할 수 있는 담력을 가지며 사명화해야 합니다.

7. 특권화 : 전도가 주님의 자녀로서 우리만 할 수 있는 일이라는 자부심을 가지고 전도를 특권화해야 합니다.

이제 앉은 자리에서 일어나 전도의 현장으로 달려갑시다. 당신은 주님 안에서 영혼 구원에 승리할 것입니다. 주님을 향한 당신의 거룩한 복음 전도의 헌신을 기대합니다. 당신의 전도 헌신이 섬기는 교회를 살리고, 한국교회를 살리고, 이 땅에서 부흥의 전주곡이 될 것입니다.

05. 수평이동 전교 말고 불신자에게 전도합시다

한국교회의 대부분에서, 특히 대형교회일수록 교인이 교회를 옮겨 다니는 수평이동이 많습니다. 불신자에게 예수 그리스도의 복음을 전하는 '전도'가 아니라 교회를 전하는 '전교'를 하고 있는 것 같다는 생각을 해봅니다.

먼 곳으로 이사 가게 되어 부득불 교회를 옮기는 경우가 아니라, 기존에 교회 다니던 교인을 수평이동시켜 자기 교회에 출석하게 만드는 것이라면 바람직하지 않습니다. 남의 교회야 어떻게 되든 우리 교회만 많이 모이면 된다는 사고방식을 갖고 있다면 문제입니다. 복음을 원색적으로 전하지 않고 있는 것입니다.

바른 전도는 불신자에게 복음을 전하는 것이지 교회 건물과 예배당을 자랑하며 교회를 전하는 것이 아닙니다. 한국교회가 잃어버린 자를 찾고 구원의 길로 인도하는, 순수하고 바른 전도를 회복하기를 바랍니다. 한국교회 수평이동의 대안은 당연히 전도입니다.

한국교회 수평이동 해결책

한국 교인들 사이에 수평이동이 많은 이유를 다음과 같은 시대 상황에서 유추해볼 수 있습니다.

1. 인구의 도시 편중 현상 때문입니다.

대한민국은 급격한 도시 집중화로 도시에만 유동 인구가 많아지게 되었습니다. 최근에도 매년 60만에서 100만 명 이상이 도시로 움직이고 있다고 합니다. 지역 개발로 인한 집단 이주 유도, 신도시 형성과 직장의 이동, 자녀 교육열에 따라 도시의 좋은 학군으로 인구가 유입되는 등, 인구의 도시 편중과 쏠림 현상을 부추기는 요인은 넘쳐납니다. 이 때문에 신도시에 새로운 교회가 개척되는 것은 당연한 현상이고, 새로 이사한 김에 그 동네 주변의 '유명' 교회로 옮겨가는 것도 수평이동의 한 요인이 되고 있습니다.

2. 교회에 대한 애착심과 사명감이 사라졌습니다.

예전에는 어릴 때부터 다니던 교회, 부모님이 대를 이어 헌신하고 태어나서부터 다니던 교회에 대한 소속감이 높았습니다. 그러나 지금은 '내 교회, 우리 교회, 본(本) 교회, 우리 아버님 교회' 같은 소속감이 희박합니다. 주인의식조차 없습니다. 그래서 교회에 출석만 하고 봉사하지 않습니다. 교회 직분을 받으려 하지도 않습니다. 주일 오전 예배만 드리고 사라집니다. 대형교회에서 '잠수'를 타기도 합니다. 이런 사람들도 가끔은 십일조를 내고 감사 헌금도 합니다. '교회 생활, 그러면 되지 않나'라고 생각하기 때문입니다. 교회를 손님처럼 출석하니 애착심도 사명도 없고 수평이동이 자연스러운 것입니다. 장로, 권사, 집사 피택 과정에서 뽑히지 못해 시험에 들면 다니던 교회를 떠나기도 합니다. 이 모든 현상의 원인은 사명의식이 사라졌기 때문입니다.

3. 교회가 지나치게 대형화되고 많아졌기 때문입니다.

수평이동은 교인수가 아주 많은 초대형교회, 이른바 메가처치가 생겨나는 과정에서 나타나는 현상일 수 있습니다. 대형교회는 교인과 교인, 교인과 목회자 사이에 접촉 가능성이 낮고 유대감이 희박합니다. 상담 시스템과 양육 프로그램이 체계화되었다고 하지만, 300명 정도 모이는 중소형 교회에서 누릴 수 있는 인간적 유대감은 기대할 수 없습니다. 어떤 경우를 보면 대형교회는 목회가 아니라 경영을 하는 것 같습니다.

기존에 출석하는 교인이 많으니 교회는 새로운 교인이 등록해도 반갑기보다 오히려 예배와 교육시설 공간의 문제로 고민하게 됩니다. 여러 이유로 교인이 떠나도 관심이 없습니다. 또 들어올 것이기 때문입니다. 그러다 보니 잃어버린 어린양 찾기라는 영혼 구원의 개념이 대형교회에서 희박해진 것이 어제오늘 이야기가 아닙니다. 수평이동한 교인이나 목회자조차 등록하지 않고 예배에만 참석해도 그 교회의 교인이 된 것으로 치부합니다. 그러면 봉사도 헌신도 잘하지 않으니 소속감이 약해 다시 떠나기도 쉽습니다. 신앙 인격이 수준 이하인 교인 때문에 상처를 받아 수평이동하는 경우도 있습니다. 그 교회에 먼저 다녔다는 것만으로 텃세를 부리는 탓입니다.

일부 목회자는 순장훈련이라는 이름으로 교회 리더만 관리하면 목회가 되는 것으로 착각하는 것 같습니다. 그런 목회자는 평소에 소그룹 조직망을 통해 보고만 받다가, 어떤 갈등이 발생하면 비로소 문제를 인식하게 됩니다. 기존 교인들도 제자훈련 같은 훈련과정을 이수하면 예수님의 제자가 된 것으로 착각하거나, 그 과정을 통해 교회의 구성원으로서 더 확고한 기득권 의식을 가지는 문제도 있어 보입니다. 그러는 사이 겉도는 새신자는 정착하지 못하고 또 교회를 옮기는 것입니다. 어떤 교회를 찾아가든 환영받을 것이므로, 교회에 불만이 생기면 옮겨가는 수평이동이 자연스러운 일이 되고 말았습니다.

또한 한국교회에서는 언제부터인가 교인이 잘못을 저질러도 징계하지 않고 있습니다. 이른바 전통적인 치리가 사라진 것입니다. 심지어 어떤 교인은 자신이 문제를 일으킨 교회에서 기득권을 내려놓고 다른 교회로 옮겨가는 것을 치리받는 것이라고 생각합니다.

4. 자기 중심 신앙이 교회 중심 생활보다 우선시되고 있습니다.

현대인 중에는 이기적이고 자기 중심적인 신앙생활 태도 때문에 수평이동을 하는 경우가 많아 보입니다. 자기 입맛에 맞는 목회자,

설교, 교회, 예배를 찾아 나서는 것입니다. 유명한 교회에 출석하면 자신의 신앙도 그런 교회 수준이 된다고 착각하고 싶은 것인지 모릅니다.

비교적 크고 이름이 알려진 교회에 다니는 성도는 자랑하듯 자기 교회 이름을 말합니다. 하지만 작은(?) 교회 다니는 성도는 자기 교회 이름을 잘 밝히지 못합니다. "어느 교회 출석하세요?" 하고 물으면 가장 흔히 듣는 대답이 "동네 교회 다녀요"입니다. 저는 순진하게도 처음엔 진짜 그 교회 이름이 '동네교회'인 줄 알았습니다. 이런 분위기 탓인지 자기 중심으로 교회를 선택하고 자기 기준으로 신앙생활을 하는 것 같습니다. 하나님 중심, 성경 중심, 말씀 중심, 교회 중심, 예수님 중심이 아닌, 자기 중심 신앙이 낳은 결과입니다.

5. 신앙생활을 편리하게 하고 매이기 싫어합니다.

현대인은 어디에든 매이기 싫어합니다. 자유롭기를 원합니다. 그것이 참 자유가 아닌데도 말입니다. 심지어 신앙생활에도 그렇습니다. 제가 집회를 인도한 어느 교회 목사님은 요즘 새신자 중에는 교회에 나와도 등록은 하지 않고 "예배만 드릴 테니 목사님이 심방 오지도 말고, 소그룹에도 참석하지 않을 것이니 그냥 내버려달라"고 말하는 이가 있다고 안타까워했습니다.

일상에서 신앙인으로 살기보다 그저 종교인으로서 자유를 누리겠다는 심보 같습니다. 부담 없이 교회만 다니겠다는 참 위험한 생각입니다. 교인들과 사귐도 없고 모임에 참석하지도 않고 목회자의 신앙 지도까지 거부하면서 교회는 다니겠다면, 그건 종교생활이지 신앙 생활은 아닙니다. 그런 사람은 그 교회에 불만이 생기면 바로 수평이 동하여 다른 교회로 떠나는 것입니다. 그런 사람일수록 교회를 옮겨 오라는 제안, 곧 수평이동의 유혹에 쉽게 넘어갈 것입니다.

왜 우리는 전도에 최선을 다하지 않는가?

한 조사에 의하면, 안타깝게도 한국교회 기독교인의 열 명 중 아홉은 1년에 1명도 전도하지 않는다고 합니다. 교회의 위기는 전도에 최선을 다하지 않는 성도와 목회자에게서 시작됩니다.

미국의 제9대 대통령이었고 신실한 그리스도인으로 알려진 지미 카터가 "왜 최선을 다하지 않았는가?"라는 글을 쓴 적이 있습니다. 그는 대통령이 되기 수십 년 전, 자신이 출석하는 교회에서 10년 동안 해마다 열리는 전도집회에 참가하면서 매년 14가정씩 책임지고 찾아가서 복음을 전했다고 합니다. 10년 동안 140가정을 전도했으니 실로 대단한 일입니다. 그랬던 그가 1966년 주지사 선거에 출마하여 선거운동을 할 때는 3개월 동안 무려 30만 명이 넘는 사람들과 악수했고 당선되었습니다. 그때 마음에 가책이 생겼다고 합니다.

"나를 위해서는 3개월에 30만 명을 만나고 다니면서 하나님을 위해서는 10년 동안 겨우 140가정을 만나 복음을 전했다니, 이것은 보통 부끄러운 일이 아니다."

성도가 전도하지 않는 이유는 복음을 전하지 않아도 살아가는 데 별로 불편하지 않기 때문입니다. 자신이 영적으로 약해진 상태인데도 방치하는 것이고 둔감해진 증거입니다. 전도하지 않는 것이 오히려 우아하고 고상하게 신앙생활을 하는 것이라고 착각하기 때문입니다. 자기가 전도하지 않아도 다른 사람과 다른 교회가 전도할 것이라고 안주하는 것입니다.

'나같이 내성적이고 고상한 사람이 저렇게 예의도 없이 큰소리로 전도하면 안 되지. 저렇게 전도하는 건 주님께서 기뻐하시는 방법이 아닐 거야. 우리 가정이나 행복하게 신앙생활하면 됐지, 오늘같이 편리한 시대, 개인이 존중받는 시대에 전도해서 종교적인 피해를 주면 안 되지.'

이런 자기 생각과 합리화로 전도에 최선을 다하지 않는 것 같습니다. 그러나 신앙은 자기 중심적인 것이 결코 아닙니다. 자기편리를 위한 것도, 개인적인 것도 될 수 없습니다. 전도를 통해 남에게 피해를 준다고 생각하는 것이 우아하게 사는 것도 아닙니다. 우리가 복음을 전하지 않아서 그 사람이 우아하게(?) 지옥으로 떨어지게 하는 것이 더 큰 피해를 주는 것입니다.

우리는 기회가 된다면, 아니 기회를 만들어서라도 반드시, 삶의 현장에서 만나는 누구에게나 생명의 복음을 전해야 합니다.

전도의 열정을 회복하려면

전도에 쓰임 받지 않는 성도는 없습니다. 주님의 마음을 품으면 누구나 전도할 수 있습니다. 이제는 수평이동 전교가 아니라 믿지 않는 사람에게 전도합시다.

전도는 구원의 은혜를 느낄 때 더 잘 합니다. 그래서 어떤 면에선 사실 초신자들이 더 전도를 잘 합니다.

어떤 성도가 한 사람에게 전도하니 전도받은 그 사람이 다음주에 자기 친구를 데려왔습니다. 말하자면 초신자가 바로 전도를 한 것입니다. 그래서 초신자가 데리고 온 친구에게 어떻게 바로 교회 따라 나올 수 있었느냐고 물으니 그가 이렇게 대답했다고 합니다.

"저도 교회 다니고 싶었습니다. 하지만 제 주변의 교회 다니는 사람 중에 아무도 교회 가자고 하지 않아 못 나오고 있었는데, 안 다니던 저 친구가 지난주부터 교회 나간다고 해서 같이 나온 것입니다."

결과적으로 처음 전도한 성도는 한꺼번에 두 명을 인도하게 되었습니다. 한국인은 두세 사람 거치면 다 통합니다. 이런 걸 보면 전도는 우리가 하는 것이 아니라 주님께서 하시는 것입니다. 우리는 그저 전도를 통해 씨를 뿌릴 뿐입니다.

행함과 진실함으로, 부지런히, 쉬지 말고, 때가 되면 언제 어디서나 복음의 씨를 뿌리십시오. 심은 대로 거둡니다.

전도의 열정을 회복합시다. 우리가 삶에서 전도에 최선을 다하면 주님이 감동하실 것입니다. 한국교회에 주님을 감동시키는 성도가 많아지길 소원합니다.

한국교회가 전도의 열정을 회복하려면 다음의 다섯 가지가 먼저 회복되어야 할 것입니다.

1. 복음에 대한 올바른 이해가 선행되어야 합니다(롬 1:2-4).

2. 불신자에 대한 뜨거운 가슴이 회복되고(눅 24:32) 불쌍히 여기는 마음이 회복되어야 합니다(사 42:3).

3. 전도의 체질이 개선되어야 합니다(딤후 4:2). 온유한 태도로, 포기하지 않고, 인내하고 기다려야 합니다.

4. 전도가 기쁜 일이라고 인식하는 삶의 변화가 일어나야 합니다(고전 1:21).

5. 말씀, 기도, 예배로 전도를 준비해야 합니다(엡 6:18; 롬 12:1-2).

2부

복숭아
씨를 뿌려
열매 얻는 삶

06. 작은 친절이 죽어가는 생명을 구합니다

아내와 중식당에서 식사를 하고 있었습니다. 옆자리에 엄마 아빠와 아이들까지 5명인 가족이 들어 와서 옆 테이블에 앉게 되었습니다. 아이들은 3살, 4살, 5살로 연년생이었습니다. 참 귀여웠습니다.

그 집 엄마가 아이들 요구에 사이다를 주문하면서 아이들이 흘릴까 봐 빨대도 같이 달라고 종업원에게 주문했습니다. 하지만 종업원은 자기 식당에는 빨대가 없다고 말했습니다. 옆에서 그 말을 듣는 즉시 제가 식사 중에 벌떡 일어나 빨대를 구하러 옆 식당으로 달려갔습니다. 무려 인근의 세 군데 식당과 편의점까지 들러 간신히 빨대를 구해 어머니께 드렸습니다.

"여기 빨대!"

그러면서 저는 늘 하던 대로 들이댔습니다.

"아이들이 참 귀여워요. 예수님은 믿으시지요?"

"아니요."

"그래요?"

제가 만들어서 가지고 다니는 전도지를 엄마와 아빠에게 드렸습니다. 제가 만든 전도지는 '자녀를 위한 축복 기도문'입니다.

"자녀들을 위해 기도하세요. 축복합니다. 행복한 시간 되세요."

"예, 감사합니다. 안 그래도 교회 다닐 생각이었습니다. 이제 교회 잘 다닐게요."

"감사합니다."

그리고 식사를 하니 음식이 더 맛있었습니다. 제가 갑자기 말도 안 하고 밥을 먹다 사라지니 아내는 제가 '화장실 가셨나?' 했답니다.

일상의 친절이 기적을 일상으로 만든다

오늘도 우리의 작은 친절이 생명을 구하고 있습니다. 구원의 기적이 우리의 친절을 통해 일어나는 것입니다. 우리가 일상에서 친절하기만 해도, 기적은 주님께서 매일 행하시는 일상이 될 수 있습니다.

본과 4학년 때 임상 실습을 위해 신장내과 회진을 돌고 있었습니다. 그 회진은 늘 내과 중환자실(ICU:intensive care unit, 집중치료실)에서 마치곤 했는데, 중환자실의 한 환자가 눈에 들어왔습니다. 이미진이라는 17세의 여고생이었습니다. 아직 어린 나이에 전신성 홍반성 루푸스(Systemic Lupus Erythematosus)라는 자가 면역 질환으로 투병하고 있었는데, 신장에 합병증까지 있어 혼수상태였는지라 인공호흡기에 의지하여 하루하루 연명하고 있었습니다.

불쌍한 마음이 들었습니다. '내가 해줄 수 있는 일이 무엇이 있을까?' 생각하던 끝에 부모님에게 전도하고 매일 기도해주기로 마음먹었습니다. 부모님께 물어보니 예수님을 믿지 않고 있었습니다.

회진을 돌고 나면 선임 레지던트가 할 일을 지시하고 업무가 마무리되곤 하는데, 저는 회진이 끝나면 다시 그 중환자실로 가서 부모님과 기도했습니다. 부모님께 전도하고 함께 기도하니 기도에 더 힘이 실리는 것 같았습니다.

"하나님, 우리 미진이를 살려주세요. 죽은 나사로도 살리시는 주님께서 우리 미진이를 불쌍히 여겨주시고 살려주셔서 주님 영광을 위해 사용하여 주시옵소서. 지금 나이도 어린데, 아직도 해야 할 일이 많을 것입니다. 한 번만, 한 번만 살려주시고 삶의 기회를 허락하소서. 예수님의 이름으로 기도합니다. 아멘."

이렇게 매일 하루에도 3번 이상 기도한 다니엘처럼 자주 찾아가 기도했습니다.

··· 예루살렘으로 향한 창문을 열고 전에 하던 대로 하루에 세 번씩 무릎을 꿇고 기도하며 그의 하나님께 감사하였더라 _단 6:10

부모님에게는 "미진이는 꼭 일어날 것입니다"라고 믿음으로 위로했습니다.

믿음은 바라는 것들의 실상이요 보지 못하는 것들의 증거니 _히 11:1

그러던 가운데, 제가 본원에서 계속 수련을 받지 않게 되어 다른 병원으로 옮기게 되었습니다. 그 후 미진이가 어떻게 되었는지 알 수 없었습니다. 세월이 오래 지나 자연스럽게 미진이를 잊게 되었습니다. 저는 미진이가 천국으로 먼저 갔을 거라고 막연히 짐작했습니다.

18년 만에 알게 된 기적

그로부터 18년 후, 부산 영도에서 열린 연합집회를 인도하러 오랜만에 부산에 갔습니다. 은혜로운 집회를 마치고 몇몇 목사님들과 연합회 임원들과 담임목사님의 사무실에서 다과를 나누고 있는데, 30대 중반의 한 여성이 저를 꼭 만나고 싶다고 뵙기를 청한다는 것이었습니다. 그래서 목사님들과 함께 그 자매를 만나기로 했습니다. 자매가 들어오자마자 반가운 표정으로 제게 물었습니다.

"교수님, 저를 아시겠어요?"

"글쎄요, 누구신지요? 제가 많은 사람을 만나다 보니 죄송하지만 잘 기억이 나지 않습니다."

"제가 바로 18년 전에 사경을 헤매며 중환자실에서 죽어가던 미진입니다."

저는 깜짝 놀랐습니다!

"교수님께서 제가 학생 때 중환자실에 자주 들러 저를 위해 기도해 주셨다는 이야기를 어머님께 다 들었습니다. 제가 기적적으로 회복

되어 지금은 간호사가 돼 병원에서 근무하고 있습니다. 그때 기도해
주셔서 감사합니다. 그 일이 너무 감사해서, 우리 가족이 원래는 예
수님을 믿지 않았는데, 지금은 모두 예수님 믿고 교회 잘 다닙니다.
오늘 부산 오신다고 해서 찾아왔습니다. 교수님 감사합니다. 반갑습
니다. 이 은혜, 평생 잊지 않겠습니다.”

“오! 그때 그 자매시구나! 이렇게 살아계시다니 기적입니다!”

“아니요. 다 주님께서 하셨습니다. 주님의 놀라우신 은혜입니다.”

“제가 한 것이 아니지요. 참 놀랍고 감사합니다. 참, 어머님은 잘 계
신가요?”

“예수님 잘 믿고 잘 살고 계십니다.”

“어머님께도 안부 전해주세요. 늘 건강하시고 승리하세요.”

정말 기쁜 소식이었습니다. 함께 이야기를 들은 목사님들도 놀라
고 감동했습니다. 중환자실에서 인공호흡기에 연명하며 사경을 헤
매던 자매가 생존했다는 사실도 기적이요 감사한 일이지만, 그 자매
의 가정이 모두 예수님을 믿게 되었다니 얼마나 감사합니까? 천국에
서 미진이와 그 가족을 받으신 하나님께서 인자한 미소를 지으시며
얼마나 기뻐하실까요?

하나님께서는 오늘도 기적을 행하시는 분이십니다. 우리가 주변
에서 조금만 더 관심을 가지고 친절하게 돌아본다면 하나님의 기적
은 오늘도 일어납니다.

친절은 전도의 열쇠고리다

전도는 우리가 해도 거두시는 분은 주님이십니다. 전도의 주체는 하나님이십니다. 우리는 오직 전도하기만 하면 됩니다.

하루는 늦은 시간에 점심식사를 하고 서점에 들렀다가 2시 반에 택시를 탔습니다. 기사님이 어깨가 축 처져 있어 안돼 보였습니다.

"기사님, 식사는 하셨어요?"

"아니요. 아직 사납금을 다 맞추지 못해서…."

"많이 시장하시겠어요. 저기 사거리 부근에 돌솥비빔밥 잘 하는 집이 있는데 가셔서 식사하시고 운전하세요."

그러면서 제가 만원을 드렸습니다. 감사하다며 바로 받았습니다. 마음이 좀더 짠해졌습니다.

"기사님은 꿈이 뭐가 있으세요?"

"꿈이요? 꿈 좋지요. 하지만 제가 무슨 꿈이 있겠습니까? 하루하루 먹고살기도 바쁜데…."

꿈이란 단어는 알고 있지만, 그 단어를 잊고 산 지가 8년은 넘은 것 같다고 했습니다.

"교회 나가십시오. 예수님을 믿으십시오. 교회는 꿈꾸는 곳입니다.

하나님이 기사님에게 꿈을 보여주실 것입니다.”

“요즘 나보고 교회 가라는 사람이 왜 이리 많죠? 오늘만 해도 사장님이 세 번째로 나에게 교회를 소개하고 복음을 전해주셨습니다. 제가 이제는 교회에 다니기는 다녀야 할까 봅니다.”

병원 앞에 도착할 때, 그에게 다시 인사했습니다.

“기사님, 우리 천국에서 꼭 만납시다.”

“예, 천국에서 꼭 만납시다. 고맙습니다.”

하루는 저희 부부가 백화점에 가서 주차를 한 다음 계단을 걸어 올라가는 중이었습니다. 한 손에 아이를 안고 한 손으로는 유모차를 들고 끙끙대며 힘들게 계단을 오르려는 젊은 엄마가 보였습니다. 저희 부부가 도와주기로 마음먹고 말을 걸었습니다.

“유모차 주세요. 우리가 들어드릴게요.”

엄마가 참 고마워했습니다. 조금 올라가니 아빠가 다른 아이를 안고 기다리고 있었습니다. 그 집에 어린 아이가 둘이었던 것입니다. 우리가 도와주는 모습을 본 아빠가 고맙다고 인사했습니다.

“괜찮습니다. 우리의 기쁨입니다.”

그리고 여느 때처럼 바로 복음을 전했습니다.

“예수님 믿으세요?”

“아니요.”

“자녀들과 함께 예수님 믿고 더 행복하세요. 아이들을 위해 기도하시고, 행복한 주말 되세요.”

우리 얼굴이 전도지가 되게 합시다

친절은 복음의 능력이 나타나게 하는 데 가장 좋은 매개체입니다. 일상에서 쉽게 할 수 있는 우리의 작은 친절의 수고가 결코 헛되지 않다고 저는 믿습니다. 주님께서 반드시 열매를 거두십니다. 복음 자체에 능력이 있기 때문입니다. 그러니 사람들에게 수시로 친절을 베풀면서 하나님 사랑과 예수 십자가를 전합시다. 전도지로 복음을 전할 뿐 아니라 삶으로 인사하며 친절을 베풀어 얼굴이 전도지가 되게 하십시다. 그 자체가 전도의 승리요 성공입니다.

오늘도 주님께서는 우리의 기도에 응답하시려고 기다리고 계십니다. 우리가 먼저 풀면 하늘에서도 풀립니다(마 18:18). 그러나 우리가 안 된다고 생각하면 하늘에서도 매이는 것입니다. 특히 전도는 죄에서 세상에 종노릇하던 인생을 푸는 일입니다. 전도를 통해 푸는 인생이 되시길 바랍니다. 묶인 것을 푸는 가장 쉬운 방법, 전도의 시작은 친절입니다.

07. 누구에게든 기회를 얻는 순간에 다가가세요

우리 모두는 이 세상을 사는 나그네입니다. 일상에서 만나는 나그네들은 주님께서 우리에게 보내신 귀한 분들입니다. 아니, 어쩌면 주님이 직접 방문하신 것일 수도 있습니다.

제가 미국에 집회를 인도하러 갔다가 아름다운 LA 라구아나 해변에서 몇몇 지인들과 식사를 했습니다. 식사 후 해변을 산책하는데 외발 갈매기가 몇 마리 보였습니다. 처음에는 장난으로 한 발로 서 있는 것이겠거니, 아니면 조류는 외발로 자니까 졸려서(?) 그렇겠거니 생각했습니다.

그런데 자세히 보니 한쪽 다리가 없거나 다쳐서 외발로 뛰어다닌 것입니다. 참 측은했습니다. 대개 전신주에 앉아 있다가 감전으로 다리를 잃게 된다고 같이 간 목사님께서 말씀해주셨습니다. 전기라는 문명의 이기가 자연을 해치는 한 예였습니다. 우리가 편리를 위해 이기적으로 살아갈 때, 세상에 신음하는 곳은 없는지 생각하는 여유와 배려가 필요하다는 생각이 들었습니다.

문득 이 외발 갈매기가 우리나라에 와 있는 외국인 노동자 같다는 생각이 교차되었습니다. 외국인 노동자들이 가난한 가족과 자신의 미래를 위해 코리안 드림을 꿈꾸며 이역만리 한국에 기술을 배우고 돈도 벌려고 왔습니다. 하지만 대부분 수모와 냉대와 핍박으로 마음에 깊은 상처를 받기는 보통이고, 더러는 손이 잘리고 다리가 잘리는 육체의 손상까지 받고 있습니다..

그 힘들고 어려운 현실 속에서 간혹 불법체류자로 전락하기도 합니다. 불법체류자가 되면 정당한 임금을 받지 못하고 임금을 체불시켜 더 힘들게 합니다. 그래서 한국사람에 대해 독기 어린 마음을 품었다가 고국으로 추방되어 돌아갔을 때, 과연 한국의 국가 이미지는 얼마나 실추되겠습니까? 반대로, 우리 자손들이 미래에 세계 속에서 살아갈 때, 왜곡된 한국인 이미지 때문에 얼마나 많은 냉대를 받으며 살아가겠습니까?

성경은 손님과 같은 외국인을 잘 대접하라고 가르칩니다.

형제 사랑하기를 계속하고 손님 대접하기를 잊지 말라 이로써 부지중에 천사들을 대접한 이들이 있었느니라 _히 13:1-2

우리가 이분들을 선대하면 우리나라의 이미지를 좋게 하는 민간 외교 사절이 될 것입니다. 이분들 속에 주님이 예비하신 천사가 있습니다. 혹여라도 이분들이 작업하던 중에 신체의 손상을 입게 되더라도 우리가 최선을 다해 보살펴드리면 한국에 대한 원망이 사라질 것이고, 그 상처를 가족을 위한 영광의 흔적처럼 여기며 살 수도 있을 것입니다. 국가 이미지도 중요하지만, 우리가 외국인 노동자들을 선대해야 할 더 중요한 이유는 그들이 디아스포라 선교사가 될 수도 있기 때문입니다.

아름다운 해변이 외발 갈매기로 인해 다소 울적해 보였지만, 하나님께서 주신 세계선교의 사명을 다시 한번 자각하는 기회가 되었습니다.

외국인 노동자에게 베푼 사랑

그 뒤 어느 날, 광주 집회를 위해 용산역에서 KTX를 기다리고 있었습니다. 3명의 동남아 청년들이 눈에 띄었습니다. 필리핀 사람 같기도 하고 파키스탄 사람 같아 보이기도 했습니다. 보아하니 편의점에서 샌드위치와 먹을 것을 사려는 것 같았습니다. 점심시간이 훨씬 지났는데 아직 식사를 하지 못한 것 같았습니다.

저는 그들에게 무작정 다가갔습니다. 편의점에서 계산하려는 청년 한 사람을 불러놓고, 내가 계산할 테니 친구 것도 같이 주문하라고 했습니다. 마음속으로 '많이 가져오세요'라고 기도했습니다. 그의 두 친구 것까지 제가 다 계산해주었습니다.

그들이 놀라며 "왜 이러시냐?"고 물었습니다. 저는 "하나님께서 하셨습니다"라고 말한 다음 그 자리를 떠나려 했습니다. 그러자 그들이 저를 바로 쫓아와 서툰 한국말로 인사했습니다.

"고맙습니다. 선생님은 사장님이십니까?"

"아니요. 나는 의사입니다. 당신들은 어느 나라에서 오셨습니까?"

"스리랑카에서 왔습니다."

"그러세요?"

"나, 우리 많이 아파요. 여기 허리, 다리, 어깨."

"어디 계세요?"

"저희들 '파란'(수원 부근의 발안)에 살아요, 자동차 납품회사 범퍼 만들어요. 참 무거워요. 허리 어깨 많이 많이 아파요."

제가 우리 병원에 한번 오라고 했습니다.

"가면 고쳐주세요?"

"예, 제가 무료로 치료해드릴게요."

그리고 명함을 주고 헤어졌습니다.

2주 뒤, 그 중 한 명이 저희 병원에 왔습니다. 진료해준 다음 아프면 복약하라고 2달분을 처방해 약국에서 직접 약을 받아 전해주었습니다. 비슷하게 아프다는 친구들도 함께 드시라고 많이 처방해준 것입니다. 그리고 예수님의 사랑의 소식도 전했습니다.

일주일 후, 그가 또 찾아왔습니다. 2개월 뒤에 출국하는데, 더 있게 해달라고 부탁하는 것이었습니다. 자기가 한국에서 돈 벌어 고국으로 보내야 열 식구가 살아간다며 눈물로 호소하였습니다.

사정이 딱해 보여 출입국 관리사무소에 연락해보았습니다. 그러나 법에 의해 이번에는 반드시 출국해야 했습니다. 출국하지 않으면 불법체류자가 되고 말아 한국에서 다시는 정식으로 일할 수 없었습니다. 일단 스리랑카로 돌아갔다가 다시 한국에 오라고 그를 설득했습니다. 그러면서 예수님을 구주로 영접하고 예수 이름으로 구원받으라고 말했습니다. 그에게 이 말씀도 들려주었습니다.

베드로가 이르되 은과 금은 내게 없거니와 내게 있는 이것을 네게 주노니 나사렛 예수 그리스도 이름으로 일어나 걸으라 하고 _행 3:6

누구든지 주의 이름을 부르는 자는 구원을 받으리라 _롬 10:13

그리고 같이 영접 기도를 하자고 했습니다. 하겠다고 해서 간호사와 직원들과 함께 영접기도와 축복기도를 드렸습니다. 그는 눈물을 보이며 감사 인사를 한 다음 돌아갔습니다.

저는 오늘도 그를 위해 기도합니다. 그 청년이 예수님 잘 믿고 훌륭한 하나님의 자녀가 되어 스리랑카를 변화시키기를 원합니다. 그는 스리랑카에서 훌륭한 주님의 아들이 될 것입니다.

그 청년이 저를 찾아온 것은 주님이 저를 직접 방문하신 것이라고 생각합니다. 오늘도 만나는 나그네가 주님이 직접 방문하신 분은 아닌지 유념해 봅니다. 예수님을 만났는데 예수님에 관한 이야기를 나누지 않는다면, 우리를 구원해주신 주님에 대한 예의가 아닙니다. 복음을 전해야 할 중요한 이유라고 생각합니다.

전도할 기회를 얻을 때마다

전도의 열매는 씨를 뿌린 다음 기다리기만 해도 평균 60배 이상 결실합니다. 적어도 30배, 많으면 100배가 열립니다. 하나님께서 때가 되면 다, 풍성히 주십니다. 제가 전도한 사람 중에 4년이 지난 어느 날 제가 다니는 교회로 찾아오셔서 "장로님, 나 교회 잘 다녀요, 감사합니다"라고 말한 성도도 있습니다.

어두움 후에 빛이 오며 바람 분 후에 잔잔하고
소나기 후에 햇빛 나며 수고한 후에 쉼이 있네
연약함 후에 강건하며 애통한 후에 위로받고
눈물 난 후에 웃음 있고 씨 뿌린 후에 추수하네
괴로움 후에 평안 있고 슬퍼한 후에 기쁨 있고
멀어진 후에 가까우며 고독함 후에 친구 있네
고생한 후에 기쁨 있고 십자가 후에 영광 있고
죽음 온 후에 영생하니 이러한 도가 진리로다
고생한 후에 기쁨 있고 십자가 후에 영광 있고
죽음 온 후에 영생하니 이러한 도가 진리로다

_ 찬송가 487장

전도할 기회를 얻을 때마다 복음의 씨를 뿌리십시오. 친절은 복음의 씨를 뿌릴 밭을 부드럽게 하는 일입니다. 그렇게 씨를 뿌린 후에는 추수하게 됩니다. 심은 대로, 뿌린 대로 거둡니다. 하나님께서 영생을 주시기로 작정하신 자는 결국 다 믿게 될 것입니다(행 13:48). 그러나 심지 않으면 거둘 게 없습니다. 적게 심으면 적게 거두고, 심으면 30배, 60배, 100배, 더러는 천 배, 만 배 거두게 됩니다.

많이 심으면 많이 거두는 것은 진리입니다. 그러나 우리가 아무리 지혜로운 말로 전도해도 그렇게 많은 열매를 맺을 수는 없습니다. 오직 성령의 능력입니다. 전도는 성령의 능력으로 하는 일이기 때문입니다(고전 2:3-5).

08. 천국에 마련된 집을 신속히 분양하는 법

저의 환자 중에는 암이 낫거나 회복되면 병원으로 떡을 해오는 분이 있습니다. 다른 환자들에게 용기를 드리기 위해 가져온 떡이므로 환자들에게 골고루 나누어 드립니다. 지금까지 고생한 이야기를 서로 나누며 위로하고 주님께 감사를 올려드립니다. 병실의 환자들은 함께 투병해온 환자가 회복된 모습을 보고 '나도 저렇게 완치되어야지' 하며 투병 의지를 굳게 합니다. 저는 이럴 때 환자들에게 욥기 말씀을 들려주며 용기를 북돋아 줍니다.

> 그러나 내가 가는 길을 그가 아시나니 그가 나를 단련하신 후에는 내가 순금 같이 되어 나오리라 _욥 23:10

저희 병원에서는 통합적인 면역치료 방법은 물론이고, 이런 식으로 말씀과 위로를 통해 환자들이 암을 극복하는 경우가 많습니다.

병원에서 자주 일어나는 일

S 교수님은 복강에 암이 전이되었는데, 6개월간 치료하는 과정에 컴퓨터 단층촬영(CT)을 통해 암이 사라졌다는 반가운 소식을 전해왔습니다.

"이 박사님, CT 촬영 결과 복부에 있던 암세포가 보이지 않는다네요. 암이 없어졌데요. 의사도 놀라고 있어요. 외과와 위 조직검사를 했던 내과 선생님, 담당교수들이 모두 모여 제 사례를 가지고 콘퍼런스를 하시겠데요. 교수님의 치료와 기도 덕분입니다. 할렐루야!"

반가운 소식에 저도 "할렐루야 하나님께서 다 하셨습니다"라고 답 문자를 전했습니다. 저희 병원에선 자주 일어나는 일입니다.

1962년생인 이 아무개 회장님이 계십니다. 모 건설회사 회장님으로 2017년 11월 담관암으로 진단 후 수술을 받으시고 한 달 뒤 본원에 방문하여 면역치료에 대한 상담을 받으셨습니다. 치료를 받던 삼성서울병원에서 제 책을 보고 찾아오셨는데, 그때 바로 면역치료를 시작하지는 않으셨습니다. 그러다 2018년 3월에 저희 병원을 다시 찾아오셨습니다.

함께 온 비서가 A4용지 한 장에 가득히, 지난 3개월간 수소문하여 다닌 국내외 20여 개 병원 중에서 12개 병원의 목록을 보여주었습니다. 목록을 보니 일본까지 다녀왔는데, 일본 간담췌외과학회 회장인 동경대학교 야마모토 박사님께 진료상담까지 받고 오셨습니다. 그렇게 3개월 동안 유명하다는 병원들을 다 돌아본 후 내린 결론이 저에게 치료를 받아야겠다고 결정하신 것이었습니다.

면역치료를 시작하고 한 달 뒤 다시 방문하실 때 컨디션이 너무 좋아졌다고 하셨습니다. 그 뒤 우리 병원의 면역치료를 꾸준히 받으면서 해외 출장까지 거뜬히 소화할 정도로 건강하게 지내고 계십니다. 그 회장님은 지금 미국 LA의 교회에 출석하고 있다고 합니다. 저는 회장님을 모시고 온 비서에게도 전도했습니다.

"회장님을 위해서 기도 많이 하세요. 예수님께서 다 치료해주신 것입니다."

이 회장님의 소개로, 진행성 위암 진단을 받고 수술 불가 상태인 75년생의 안 아무개 씨가 2018년 3월 저희 병원에 왔습니다. 회장님의 치료 경과를 보고 회장님과 똑같은 치방으로 치료해달라고 요청했습니다. 그가 두 달 반 정도 치료받았을 때, 추적검사로 촬영한 CT에서 암 크기가 30-40퍼센트 줄어들었다는 놀라운 결과가 나왔습니다. 안 씨 부부는 예수님을 믿지 않았지만, 진료할 때마다 제가 기도해드리는 가운데 조금씩 신앙에 눈을 뜨고 있습니다. 이제는 좋은 결과가 나올 때마다 주님께서 고쳐주셨다며 진심으로 고백합니다. 참 감사합니다.

이 회장님과 안 씨, 두 분 모두 저희 병원의 치료를 통해 좋은 경과를 보이며 행복하게 암 투병을 잘 하고 계십니다. 주님의 은혜입니다. 진료를 통해 전하는 복음의 열매는 더 보람된 것 같습니다. 계속되는 기도와 복음 전도를 통해, 주님께서 이들을 서서히 좋은 결과로 변화시켜주시는 것이 확실합니다.

무료로 천국을 분양하는 감동

우리가 주님의 복음을 생활 속에서 전하게 되면 언젠가는 주님의 때에 전도되고 영접하는 역사가 있게 됩니다. 보이는 세상에서 보이지 않는 복음을 받아들이기는 쉽지 않지만, 그러나 성령 하나님의 감동으로 가능합니다.

저의 환자 중에는 우리 병원 의료진들의 웃음과 친절과 사랑에 감동받아 녹아든 사람도 많습니다.

"교수님은 감동을 주시는 분이세요."

이렇게 말하는 환우들이 감사하게도 참 많습니다. 저에게 감동받은 게 아니라 사실은 성령 하나님께 감동받는 것입니다.

환우들이 제게 묻습니다.

"교수님은 뭘 믿으세요?"

"예수님요."

"예수님 믿는 사람은 저와 참 달라요. 달라도 너~무 달라요. 뭐가 있긴 한가 봐요? 저도 그 예수님 믿어도 되나요?"

제가 안 된다고 어떻게 말합니까?

"예, 믿어도 되지요. 제 안에 예수님이 계시니 제가 다른 거예요. 크리스천은 예수님이 그 안에 계시니 늘 기쁘고 행복해요. 사업이 잘 되어도 기쁘고 조금 안 되어도 기뻐요. 병들어도 기쁘고 망해도 기쁘답니다. 예수님 때문이에요. 아파서 죽을 것 같아도 두렵지 않습니다. 살아서도 천국이지만 죽어서도 저 아름다운 천국에 가는걸요! 천국이 보장된 인생이 얼마나 복됩니까? 그러므로 예수님을 구주로 믿고 영생과 구원을 선물 받으시기 바랍니다. 오늘 신속 정확하게 천국을 무료로 분양해드립니다. 하하하!"

저는 이렇게 오늘도 신속하고 정확하게 천국을 무료로 분양해드리고 있습니다. 그래서 감동을 줍니다. 이렇게 해서 물렁해진 마음에 복음의 씨를 뿌리는 것입니다. 특히 병 때문에 열린 마음은 복음의 씨를 뿌리기에 좋은 밭이 됩니다.

하지만 알고 보면 감동은 제가 드리는 것이 아니라 주님께서 주시는 선물입니다. 의사는 치료(care)하고 하나님은 치유(heal)하십니다. 치유의 주체는 언제나 하나님이십니다. 의사는 주님의 회복 역사에 수종 드는 자일 뿐입니다. 제가 위를 자르고 각종 관을 문합하는 수술을 해도, 생물학적으로, 생화학적으로, 세포조직학적으로, 면역학적으로, 병리학적으로 낫게 하시는 분은 하나님이십니다. 저 또한 주님의 인도하심과 치료에 감동할 뿐입니다. 그래서 환자가 잘 회복되면 저도 같이 기뻐합니다.

사실 환자나 보호자보다 의사인 제가 더 감사하고 감동합니다. 제가 의학적인 지식을 환자와 보호자보다 더 많이 알고 있기 때문입니다. 치료 과정을 알면 알수록 더 감동할 수 있습니다.

참으로 치유하시는 분은?

훌륭한 의사는 먼저 병을 잘 고쳐야 합니다. 그러면서 친절하게 설명해주고 환자를 편안하게 대해주어 감동을 주고, 자주 찾아가 복음을 제시하는 의사라야 참된 크리스천 의사라 할 것입니다.

저는 육체의 병뿐 아니라 영혼까지 구원해야 훌륭한 의사라고 생각합니다. 그래서 환자를 자주 찾아보고 이야기를 들어주려 애쓰고 기도합니다. 그것이 저에게는 기도의 시간이며 은혜로운 전도의 시간입니다. 제가 수술하고 진료하고 약을 드려도 고치시는 분은 하나님이심을 언제나 선포합니다. 의사로서 저는 하나님의 궁극적인 치유하심을 바라며 배우고 경험한 의술을 최선을 다해 행하는 것뿐입니다.

의사도 하나님의 은혜와 도우심을 매 순간 구해야 합니다. 스티브 호킹 같은 무신론 과학자들은 하나님이 없다고 말했다지만, 하나님은 분명히 존재하십니다. 의학 공부를 하면 할수록 자명해집니다.

저야 당연히 하나님을 인정하고 기도하지만, 환자도 하나님을 알아야 잘 나을 수 있습니다. 주님의 도우심이 없이는 어떤 일도 할 수 없듯이 질병의 치유는 더욱 그러하다고 고백해야 합니다.

질병과 수술의 고통 속에 있어도 하나님의 치유하심을 알고 고백할 때 회복의 문이 열립니다. 암조차 축복의 과정으로 변화하는 것은 오직 하나님의 은혜입니다. 전도의 문이 열리고 하나님께 온전히 영광 올려 드리게 됩니다.

언제 어디서나 답은 하나님께서 쥐고 계십니다. 예수님이 인생의 모든 해답을 알고 계십니다. 무슨 문제든지 답을 알면 염려할 이유가 없습니다. 진정 하나님을 믿는 자는 답을 알기에 염려가 없습니다. 든든한 하나님 백이 있기에 여유와 평강이 있습니다.

나사렛 예수 이름으로 건강도, 문제도, 가정도, 사회도, 사업도 회복하시기 바랍니다. 예수님의 이름에 능력이 있고, 길이 있고, 생명이 있고 구원이 있으며 복이 있습니다. 이것이 우리가 복음을 전해야 하는 이유입니다.

수많은 무리들 줄지어 그분을 보기 위해 따르네
평범한 목수이신 그분 앞에 모든 무릎이 꿇어 경배하네
모든 문제들 하나 하나 죽음까지도 힘을 잃고
생명의 근원 되신 예수 이름 앞에 모든 권세들 굴복하네
예수 이름 높이세 능력의 그 이름
예수 이름 높이세 구원의 그 이름
예수 이름을 부르는 자
예수 이름을 믿는 자
예수 이름 앞에 나오는 자
복이 있도다

_최덕신 곡

09. 오늘도 생각나는 아름다운 환자들

제가 전도한 사람들 중에 지금은 하늘나라에서 가장 아름다운 모습으로 찬양하고 계실 분들을 생각하면 오늘도 더 열심히 전도하고 싶어집니다.

제가 많은 사람에게 전도했기에 세월이 지나면 기억나지 않는 경우도 많습니다. 어떤 분에게 어떻게 전도하여 예수님을 영접하게 되었는지 스토리가 대부분 기억나곤 하지만 다 기억하기는 한계가 있는데, 이제는 저도 늙어가나 봅니다.

그래도 제가 전도한 사람 중에 특별히 생각나는 사람들이 있습니다. 그러면 옛날을 추억하며 기쁨에 젖곤 합니다. 과거의 아름다운 기억을 회상할 수 있다는 것은 큰 감사요 은혜입니다. 어쩌면 우리 주님께서 세상을 심심하게 살지 말라고 주신 축복인 것 같습니다.

암 환자의 가족과 친구에게 전도하다

전도해보신 분들은 아시겠지만, 참 다양한 사람이 전도되고 예수님을 믿습니다. 저는 의사이기에 아픈 사람을 만날 수밖에 없습니다. 특히 암 전문의이기에 제가 전도하는 사람 중에 암 환자가 많습니다. 그 중에도 제주도에 사시는 목장장이 기억이 많이 납니다. 제가 제주도에 가서 복음을 전했기 때문이기도 하지만, 그 분의 가족과 친구 열 몇 분이 함께 예배드리면서 예수님을 영접했기에 더 오래 기억에 남습니다.

그 목장장이 사경을 헤매실 때 문득 제가 생각이 나신 모양입니다. "이병욱 교수님을 만나면 예수님을 영접하겠다"고 하신 것입니다. 그래서 제게 와달라는 연락이 왔습니다. 저는 환자의 보호자에게, 가족과 친척과 친구들에게 모두 연락하여, 오실 수 있는 분들은 다 모이게 하라고 부탁했습니다.

제주도는 우상과 미신이 많고 복음화율이 낮은 지역입니다. 그래서 그 기회에 복음을 꼭 전하고 싶었습니다. 저는 비행기 안에서도 물론이고 제주공항에 내릴 때까지 기도했습니다. 보호자를 만나 환자에게 가는 내내 기도했습니다. 환자를 만나니 눈물이 터졌습니다. 그도 나도 함께 손을 잡고 울었습니다.

"교수님, 바쁘셔서 안 오실 줄 알았습니다."

"아뇨, 꼭 와야지요. 만나고 싶었습니다. 제 병원 가까이 계셨으면 만나도 몇 번을 만났을 겁니다. 저희 병원에서 퇴원하신 뒤에 저도 많이 궁금했어요."

"이제 많이 남지 않았나 봅니다."

"힘내세요."

환자는 숨을 크게 몰아쉬었습니다. 함께 예배를 드렸습니다. 그 분은 제가 인도하는 대로 영접기도를 따라 했습니다. "여기에 계신 분들 중에도 예수님 영접하실 분은 따라 하십시오"라고 제가 제안했습니다. 그 자리에 모인 열 몇 분이 모두 예수님을 영접하시겠다며 함께 영접기도를 했습니다. 얼마나 기쁜지요. 주님께 얼마나 감사한지요.

그리고 몇 주 후, 목장장은 사랑하는 주님 곁으로 가셨습니다. 부인이 연락을 주셨는데, 돌아가시기 전에 원망했던 모든 사람을 용서하였고 천국 같은 나날을 보냈다고 합니다.

영적으로 암에서 자유해지다

33세 나이로 위암으로 수술하셨던 진주의 박영이 씨가 기억납니다. 수술 전후에 예수님을 믿으라고 그에게 끈질기게 권면하고 전도했습니다. 하지만 그때마다 요리조리 빠져나갔습니다. 그 와중에 암세포가 난소에 전이되어 크루켄베르그 종양으로 발전하여 수술하게 되었습니다.

박영이 씨는 수술 후 약물치료를 할 즈음에 예수님을 구주로 영접했습니다. 그런 다음, 주일예배뿐 아니라 수요예배, 금요철야, 새벽기도까지 빠지지 않고 열심히 신앙생활하고 교회 생활도 잘 하셨습니다. 그 모습이 저에게 얼마나 큰 은혜가 되고 도전이 되었는지 모릅니다. 결국 그의 처가와 친가 수십 명의 가족들을 다 예수님께 돌아오게 하고 천국에 가셨습니다.

수술 후 회진 가서 보면, 항암치료를 받느라 속눈썹까지 다 빠진 그가 열심히 성경을 보고 있었습니다. 대부분의 항암 환자들은 머리카락이 빠지기에 가발이나 모자나 수건을 쓰고 있는데, 이 분은 그냥 까까머리로 있었습니다. 늘 환하게 웃고 다른 병실의 암 환자까지 위로하곤 했습니다. 마치 천사처럼 투병하며 의사들에게까지 감동을 주는 삶을 사셨습니다.

제가 회진할 때 다른 환자에게 전도하면 옆에서 "선생님 말씀이 맞아요" 하고 동의하며 제 말을 거들어 주었습니다. 제가 병실을 나가고 나면 다른 환자에게 저 이상으로 더 열심히 전도했습니다. 환자들에게 희망과 용기를 주고, 다른 병실의 환자들도 복도에서 만나면 예수님을 믿으라고 전도했습니다. 제가 그에게 예수님을 믿으라고 전했는데, 자신이 늦게 믿은 것이 후회가 되었던지 시간을 아끼며 전도한 것입니다.

박 씨는 자기에게 전도했던 친구들이 많았지만, 마지막까지 전도한 사람은 바로 저였다고 말했습니다. 그래서 전도는 절대 포기해서는 안 된다는 교훈을 제게 가르쳐준 분입니다. 그 분은 마지막까지 그렇게 사셨습니다. 그는 육체의 암은 낫지 못했지만, 영적으로는 암에서 자유한 분이었습니다.

어느 날, 이상하게도 퇴원한 박영이 씨가 몹시 보고 싶어지기 시작했습니다. 그 며칠 후, 그의 어머니로부터 전화가 왔습니다.

"영이가 며칠 전 천국에 갔어요. 교수님께 꼭 고맙다고 전해달라고 했어요. 영이가 예수님 믿게 해주셔서 고맙고, 투병 내내 많이 아프지 않고 행복했습니다. 남은 여생을 헛되지 않게 전도하며, 누구보다 행복하게 살다 천국에 가게 되어 고맙다고 했습니다. 사실 자기 생일이 되면 저에게 교수님을 찾아뵙고 안부 전해달라고 부탁했는데, 저도 바쁘다 보니 그 약속을 결국 지키지 못했습니다. 오늘이 영이 생일이라 전화드렸는데, 교수님은 잘 지내시는지요? 저희들도 교회 생활 잘 하고 있습니다. 참 고맙습니다."

"예, 전화 고맙습니다. 어머님 늘 건강하시고 다음에 뵈어요. 안녕히 계세요."

저는 흐르는 눈물을 추스른다고 전화를 제대로 받지 못했습니다. 지금은 하늘나라에서 가장 아름다운 모습으로 찬양하고 있을 박영이 씨를 상상해봅니다.

주님을 만날 절호의 기회

사람은 몸이 아프면 의지도 노력도 약해집니다. 사람이 약할 때는 주님을 만날 절호의 기회입니다. 그런 의료 현장에서 환자의 육체뿐 아니라 영혼도 치유하고 마음도 치유하는 의사들이 많아지길 소원합니다. 우리의 육체와 영혼을 함께 고쳐 주신 예수님 같은 의사가 많아지길 소원합니다. 만나는 환자와 보호자들의 병과 영혼까지 고쳐 드리면 주님이 얼마나 기뻐하실까요?

의료의 현장을 인도하시는 분은 하나님이십니다. 하나님께서 우리 의사들을 의료현장으로 보내신 목적은 분명합니다.

영, 혼, 구, 원입니다.

의사는 주님의 손에 붙들린 도구입니다. 전도하고 선교하기에 좋은 직업 중의 직업은 의사, 의료인입니다. 환자를 치료하면서 예수님이 우리의 구주가 되심을 알려드릴 수 있는 좋은 직업이기 때문입니다. 환자들에게 먹는 약 외에도 구약과 신약이라는 복음도 함께 처방해보십시오. 그리고 환자와 함께 기도해보십시오. 병이 더 잘 낫고 은혜로운 진료 현장이 될 것입니다.

약할 때 강함 되시네
나의 보배가 되신 주
주 나의 모든 것
쓰러진 나를 세우사
나의 빈 잔을 채우네
주 나의 모든 것

예수 어린양 존귀한 이름
예수 어린양 존귀한 이름

_Dennis Jernigan 곡

죽어가는 환자들에게 육적 생명뿐 아니라 영적 생명과 치유를 온전히 전하는 길은 바로 예수님의 생명, 복음을 전하는 것입니다.

예수 구원, 예수 생명, 예수 행복, 예수 영생, 예수 부활입니다.

이 글을 쓰고 있을 때, 창밖에는 오랜만에 봄비가 내리고 있었습니다. 제가 전도한 많은 영혼들이 행복하게 사는 저 하늘에서 주님께서 내리시는 성령의 단비 같았습니다.

제가 전도한 분들이 하늘나라에서 가장 아름답게 찬양하는 모습을 생각하면, 오늘도 더 열심히 살며 전도하고 싶어집니다.

10. 까칠한 심령도 양처럼 순해지는 비결

사람은 누구라도 환자가 되면 몸과 마음이 많이 힘들어져 성격이 조금이라도 까칠해집니다. 하지만 예수님을 믿으면 아무리 거친 사람이라도 순한 양이 될 수 있습니다. 하나님과 사람 앞에서 거칠게 행동한 사람이 오히려 미안한 마음으로 예수님을 더 잘 영접할 수도 있습니다.

김우식(가명) 할아버지는 입원할 때부터 다른 환자와 많이 달랐습니다. 1인실에 가셔도 될 만큼 경제 형편도 괜찮아 보였고 자녀들도 많았지만 꼭 6인실에 가겠다고 우겼습니다.

6인실에 입원한 첫날부터 옆자리의 환자들과 간호사들과 갈등을 일으키기 시작했습니다. 제가 기도한다고 해도 거부하시고, 소통이 잘되지 않고 막무가내일 때가 많았습니다. 매사에 많은 나이를 내세우는 권위주의적 체질이 몸에 밴 분이셨습니다.

까칠한 할아버지의 반란

입원한 지 며칠이 지나, 점심식사하는 시간에 회진을 가니 병동이 시끌시끌했습니다. 간호사와 한바탕 전쟁을 벌인 것입니다. 그날 다른 사람의 식판에는 장조림이 4,5조각 들어 있는데, 하필 할아버지 식판에는 3조각도 들어 있지 않았습니다. 급기야 할아버지의 불호령이 떨어졌던 것입니다. 게다가 다른 환자 가족들은 밑반찬을 해오는데 할아버지 가족은 미처 그러지 못하고 있었습니다.

하루는 며느리에게 "나 밥맛 없다. 못 먹겠다"고 하자 힘들었던 며느리가 속마음을 헤아리지 못하고 "예 아버님, 그럼 나중에 드세요" 하면서 식판을 치웠던 일이 있었습니다. 그러면 할아버지께서 며느리에게 솔직하게 "애야, 나도 밑반찬이 먹고 싶구나. 해오너라"라고 하든지, 밑반찬이 먹고 싶으면 옆자리의 환자나 다른 보호자에게 나눠 먹자고 했으면 될 일인데, 자존심을 내세우며 묵혀둔 감정과 스트레스를 폭발시킨 것입니다. 그리고 엉뚱하게 간호사를 괴롭히고 있었습니다.

"저 간호사, 내가 알아봤어. 나만 골탕 먹이고. 오늘도 장조림 적게 들어간 식판 주고."

수간호사한테 보고를 받으니 그런 상황이었습니다. 하지만 제가 할아버지를 만나 설득하고 기도하자 금세 좋아지셨습니다. 이런 까칠한 환자들도 저에게 오면 순한 어린양이 됩니다. 제가 먼저 미안하다고 이해시키고 기도해주기 때문입니다. 진심으로 환자를 사랑하고 있다는 마음이 전해지게 하는 것입니다. 저의 능력이 아니라 복음의 능력입니다.

할아버지는 정신이 돌아오자 병실의 환자와 다른 사람들에게 민망했나 봅니다. 성격상 미안하다는 말씀은 못하셨지만, 그 후로 그런 소동은 다시 일어나지 않았습니다. 예수님의 이름으로 기도하고 따뜻하게 보살피다 보면 다 그렇게 회복됩니다.

전도는 사랑으로 하는 것입니다.
전도는 진심으로 하는 것입니다.
전도는 간절함으로 하는 것입니다.

이 할아버지도 결국 은혜받고 예수님을 영접하게 되었습니다. 퇴원하는 날 마지막 회진할 때 제가 직접 드레싱을 해드리고 실도 뽑아드렸습니다. 그리고 이렇게 질문했습니다.

"할아버지, 그동안 고생 많이 하셨습니다. 많이 힘드셨지요? 참 잘 견뎌주셨습니다. 대단하세요. 이렇게 건강하게 퇴원하시니 정말 감사합니다. 그런데 이렇게 잘 수술해주시고 낫게 해주신 분은 누구이십니까?"

"예, 하나님께서 하셨지요. 다 우리 예수님 덕분이지요".

"예, 맞습니다. 맞고요. 이제 고향 가시면 무엇부터 하셔야 합니까?"

"교회 가서 예배 잘 드리고 빨리 세례받고 교회 생활하고 살아야
합니다."

"2주 후에 저의 외래로 오시면 무엇을 가져오셔야 하나요?"

"예, 교회 주보 잘 챙겨 와야 합니다."

"감사합니다. 할아버지 오래오래 건강하시길 기도합니다."

할아버지에게 주님의 은혜가 가득하시길 기원했습니다. 그날은
찾아온 자녀들에게 전도도 하고, 의사, 간호사, 병실 보호자, 환자 자
녀들도 모두 기쁘게 웃는 즐거운 회진이 되었습니다.

저는 이 할아버지께서 "두려워하지 말라 내가 너와 함께 함이라 놀
라지 말라 나는 네 하나님이 됨이라 내가 너를 굳세게 하리라 참으로
너를 도와 주리라 참으로 나의 의로운 오른손으로 너를 붙들리라"(사
41:10)라는 말씀대로 살아가시길 기도했습니다. 전도하는 우리들 또
한 일평생 이런 삶을 살게 될 것을 기원해봅니다.

15년째 걸려오는 행복한 전화

울산에 사는 김중원 씨는 15년 전인 30대 중반에 저에게 위암 수술
을 받았습니다. 그때 병이 3기 말로 깊었습니다. 다른 병원에서는 수
술하기 힘들다고 해서 대학병원에 찾아오셨고, 마침 제가 수술을 하
게 된 것입니다. 그가 제게 부탁했습니다.

"교수님, 저 오래 살고 싶습니다. 제 아이가 2명인데 아직 어립니

다. 제가 암으로 빨리 죽으면 아이들은 아빠 없는 아이들이 됩니다. 그러면 어떻게 합니까? 아이들과 오래 행복하게 살고 싶습니다. 저를 꼭 살려주세요."

"저도 최선을 다하겠습니다. 그런데 제가 수술을 해도 낫게 하시는 분은 하나님이십니다. 모든 생명은 하나님의 손길에 달려 있습니다. 그러므로 환자와 가족 모두 예수님을 구주로 영접하시고, 하나님께 예수님 이름으로 기도하십시오. 하나님께서 좋은 결과를 주실 것입니다. 또한 그게 저를 도와주시는 것입니다. 함께 최선을 다하면 하나님께서 긍휼과 은혜를 베푸실 것입니다."

김중원 씨의 아내가 눈물을 글썽이며 말을 거들었습니다.

"예, 교수님. 우리 애 아빠가 살 수만 있다면 우리 가족 모두 예수님 믿지요. 믿고 말고요."

환자와 그 가족에게 전도하면 일반적으로 반응이 빠른 편입니다, 절박한 상황일수록 "예수님 믿지요" 하는 고백이 얼른 나옵니다. 그러다 검사 결과가 좋아지거나 나으면 "암이라고 했는데 별거 아니네. 안 죽잖아" 하면서, 언제 그랬냐는 듯이 '말'을 갈아타는 사람들도 간혹 있기는 합니다.

그러나 이 부부는 달랐습니다. 수술이 성공적으로 끝난 뒤 제가 드레싱도 직접 해주고 정성을 다했습니다. 수시로 회진을 가서 체크하고 위로하고 격려하고 기도하고 했습니다. 한밤중에도 이상이 보이면 직접 전화하라고 하니 수술 후 3일째 되는 날 새벽에 전화가 왔습니다.

"교수님, 우리 애 아빠가 배가 아픈가 봐요. 수술한 배에 탈이 난 게 아닌가요? 어떡하지예?"

"괜찮아요. 아마도 가스가 나오려나 봐요. 제가 주치의 레지던트에게 이야기하겠습니다. 보호자도 잠을 못 주무셨군요. 힘드시죠? 조금만 지나면 괜찮을 겁니다. 쉬세요. 많이 힘드시면 다시 연락하세요. 계속 아프면 제가 직접 가보지요."

"예, 교수님 고맙습니다."

다행히 그날 밤엔 다시 전화가 오지 않았고, 제가 짐작한 대로 아침에 가스가 나왔습니다. 배가 편해졌다며 아침 회진 때 제게 인사했습니다.

"교수님, 새벽에 잠 깨우고 죄송합니데이. 용서하이소."

"아니요. 괜찮아지셔서 다행입니다. 하하."

이렇게 좋은 관계를 가지고 치료해드리니 다른 사람들보다 경과가 좋았고, 다른 위암 수술환자보다 이틀 일찍 퇴원하게 되었습니다. 퇴원할 때 환자와 보호자가 제게 이렇게 말했습니다.

"교수님 정성을 봐서도 꼭 5년 이상 살깁니다."

대개 암은 수술 후 5년 이상 지나면 완치라고 말합니다. 그래서 암 환자들은 5년 이상 살기를 기대합니다. 그 환자가 퇴원할 때 제가 아는 울산의 모 교회를 소개해드렸습니다. 그러자 제 말을 잘 따라주어 신앙생활을 잘했습니다. 5년이 지날 무렵 전화를 걸어왔습니다.

"교수님, 저 중원입니다."

"아, 5년 전 위암으로 수술받으신 분? 잘 지내시나요?"

"네, 교수님도 잘 지내시지요? 여전히 바쁘시고요? 저는 이제 다 나았어요. 5년 지났잖아요. 하하! 감사합니데이, 고맙습니데이. 교수님 덕분에 제가 살았습니데이. 한 번 찾아가서 뵈어야 하는데 먹고 살기가 바쁘네요."

"잘 됐습니다. 감사합니다. 바쁘신데 안 오셔도 돼요. 일 년에 한 번씩 잘 지낸다고 전화만 주세요."

"예, 교수님, 무리하지 마시고 건강하이소. 저희 부부가 교수님을 위해서 늘 기도합니데이. 일전에 울산시민교회에 오셨지예? 제가 전단지 보았습니데이. 사진 멋지데예. 또 내려오시면 연락하이소. 하하."

김중원 씨는 그 후 해마다 한 번씩 연락을 주십니다. 그게 벌써 15년이 지났습니다. 잊을 만하면 전화해서 이렇게 농담을 합니다.

"교수님, 저 아직도 살아 있습니데이. 하하. 교수님 위해 기도하고 있습니데이. 교회 잘 다니고 있습니데이. 하나님이 행복을 주십니데이."

"김중원 집사님, 목숨이 살아있다는 것이 중요한 것이 아니라 예수님 앞에서 살아 있는 그리스도인으로 살아 있어야 해요. 예배 잘 드리지요?"

"예, 교회 잘 다닙니데이."

"말씀 매일 보시고 큐티하세요?"

"아뇨, 바쁘면 한 번씩 빼먹지요. 후후."

"그러지 마시고 말씀, 기도, 예배, 잘 드리시고 꼭 복음 전하세요. 예수님이 덤으로 생명 주셨잖아요. 집~사~니~임~."

"예, 교수님. 교수님을 위해서는 매일 안 빼먹고 기도해요."

"감사합니다. 늘 건강하세요. 축복합니다."

완치된 암 환자의 감사편지

다음 글은 김중원 씨가 제 홈페이지에 남긴 편지입니다.

먼저 인사부터 올립니다. 혹 기억하시려나 모르겠습니다. 부산복음병원에서 선생님이 수술하였던 암 환자입니다. 아직도 기억합니다. 암 판정받은 후 이리저리 방황하며 서울까지 검사받으러 다니다가, 마지막에 선생님께 전화로 지금 부산복음병원으로 가고 있으니 기다려줄 수 있냐고 물으니, 선생님은 다른 의사가 다 퇴근하고 없는데 혼자 남아 저를 기다려주셨죠. 그리고 확신에 찬 말씀으로 '하나님을 믿으시고 저를 신뢰하세요. 분명히 잘 될 겁니다' 하시며 불안한 암 환자에게 희망을 주시며 기도해주셨고, 그래서 저는 가벼운 마음으로 선생님께 모든 걸 맡겼죠. 또 병실에 있을 때, 회진할 때 외에는 의사 구경하기가 어려운데, 선생님은 수시로 병실을 찾아와 손수 수술 후 뒤치다꺼리를 하시기도 했고요. 그 덕분인지 몇 달 전 수술 후 5년이 지나 마지막 검사를 받고 담당 의사에게 완치란 이야기를 들었습니다. 또 수술 후 어떻게 봉합을 잘 해주셨는지 배에 남아 있던 수술 자국도 희미한 실선 하나뿐입니다. 어떤 분들은 수술 자국이 엄청 크던데, 과연 '신의 손'이십니다. 너무 감사한 마음에 이렇게 늦게나마 찾아와 감사한 마음 올리고 갑니다. 울산에서 김중원 드림.

은혜로다 주의 은혜 날 살리신 주님의 은혜
은혜로다 주의 은혜 날 살리신 주님의 크신 은혜로다
그 은혜 내 마음에 영원히 나를 붙들고 가네
그 은혜 내 평생 영원히 나를 일으키네
큰 죄에서 날 구했네 한량없는 주님의 큰 은혜로
아들 피로 날 살렸네 측량 못할 주님의 은혜
그 은혜 내 마음에 영원히 나를 붙들고 가네
그 은혜 내 평생 영원히 나를 일으키네

_윤석주 곡

11. 영혼 구원은 박사학위보다 큰 기쁨입니다

제 동생이 정치학 박사학위를 받았습니다. 온 가족이 부산에 가서 축하잔치를 열어주기로 했습니다. 우리 가족은 해운대 파라다이스 호텔에서 뷔페 식사를 하게 되었습니다.

식사를 시작할 때 저는 먼저 과일 코너로 가서 과일을 담았습니다. 저는 방송에 출연하거나 매스컴 인터뷰를 할 때마다 잘못된 생활습관으로 인한 병을 이기려면 과일을 자주 드시라는 이야기를 많이 합니다. 그래서 저부터 과일을 많이 먹는 편입니다.

뷔페 식당에서 전도하다

과일 코너에서 우연히 초등학생 한 명을 만났습니다. 아이는 과일이 담긴 그릇이 너무 깊어 과일을 주워 담지 못하고 있었습니다. 그래서 제가 과일을 담아주는 친절을 베풀었습니다. 그런 다음, 전도하기를 빼먹지 않았습니다.

"예야, 너 참 멋지게 생겼구나? 너 멋진 걸 보니 예수님 믿지?"

“예, 예수님 믿어요.”

“너, 어느 교회 출석하니?”

“예, 김포의 고촌교회입니다.”

“너 부산에서 교회 다니는 게 아니구나. 주중에 어떻게 이곳 부산 해운대까지 오게 되었니?”

“예, 가족이 여행 왔어요.”

“그랬구나. 너는 훌륭하신 부모님을 두었구나. 효도하고 부모님 말씀 잘 듣고. 너는 앞으로 훌륭한 사람이 될 것 같구나. 축복해. 그런데 너 이름이 뭐니?”

“예, 이승기입니다.”

“승기야, 너는 소원이 뭐니?”

“예, 제 할아버지와 부모님이 다 예수님 믿는 거예요.”

“훌륭하구나! 또 다른 소원은?”

“부모님과 함께 예배드리는 것입니다.”

“그래? 그러면 네 할아버지와 부모님은 지금 어디 계시니?”

저는 승기를 따라 그의 가족이 식사하는 곳으로 갔습니다. 저는 고작해야 일가족 3,4명이 앉아 계시겠거니 생각했는데, 무려 열다섯 분이 모여 식사하는 중이었습니다. 제가 용기를 내어 소리쳤습니다.

“승기 할아버지 어디 계세요? 손들어 보세요. 승기 할아버지, 예수님 믿으세요!”

그러자 놀란 승기 할아버지는 마치 어린양이 된 것처럼 대답하셨습니다.

"예, 그러지요."

저는 다시 담대하게 소리쳤습니다.

"승기 부모님은 어디 계세요? 어떻게 이런 똑똑한 아이를 보유하고(?) 계십니까?"

제가 너무 떨려 용어 선택도 제대로 되지 않았습니다. 아들을 보유하고 있다니! 그래도 부모님은 순순히 대답하셨습니다.

"예, 여기요. 그러겠습니다."

"감사합니다."

이왕 이렇게 되었으니 담대하게 승기의 모든 가족들에게 외쳤습니다.

"모든 가족분들, 다 예수님을 구주로 영접하세요."

그러니 모두 "예" 하시는데, 그 중 한 분이 유달리 기쁜 표정을 지으며 "아멘" 했습니다. 승기의 이모님이셨습니다. 그 분이 저를 알아보신 것입니다. 알고 보니 제가 집회를 했던 교회의 집사님이셨습니다. 하나님께서 그 가정에 그루터기를 심어두셨던 것입니다. 그렇게 한꺼번에 승기의 가족에게 전도할 수 있었습니다.

박사학위를 받은 일보다

제 자리에 돌아와 부모님과 형제들에게 방금 일어난 일을 들려주었습니다. 그러자 박사학위를 받은 동생이 말했습니다.

"형, 저는 오늘 제가 정치학 박사학위를 받은 것보다 형님이 전도하는 게 더 기뻐요. 천하보다 귀한 한 영혼이 아니라 무려 수십 명이 한꺼번에 주님께 돌아오셨잖아요."

조금 있으니 승기가 저와 인증 사진을 찍겠다고 우리 자리에 왔습니다. 그래서 기쁘게 웃으며 멋진 포즈로 함께 셀카를 찍어 주었습니다. 승기 이모님이 "저분 유명한 분"이라며 승기에게 기념사진을 찍어오라고 했나 봅니다. 승기와 기념사진을 찍은 다음 마침 갖고 있던 제 책과 전도지를 주었습니다.

잠시 후, 후식으로 아이스크림을 먹으러 갔습니다. 이번엔 아이스크림 코너에 승기 어머니가 나타나셔서 제게 말을 걸어오셨습니다.

"장로님, 참 감사합니다. 사실 저는 15년 전에 교회 다녔습니다. 하지만 결혼한 후에 교회 출석을 하지 않았습니다. 이번 여행은 우리 가족을 위한 하나님의 특별한 계획인가 봅니다. 김포에 돌아가면 교회 출석하고 예배 잘 드리겠습니다."

"예, 감사합니다. 승기를 어쩌면 저렇게 똑똑하게 잘 키우셨어요? 어머님이 승기와 함께 교회 생활 잘 하시길 기도하겠습니다."

하나님께 감사 기도를 드렸습니다.

우리가 성령님 음성에 민감하면 언제 어디서나, 얼마든지 영혼을 구원할 수 있습니다. 그 교훈을 다시 되새기는 복된 하루였고 참 은혜로운 식사 시간이었습니다. 주님의 예비하심과 계획 가운데 은혜의 현장에 있으니 감사합니다.
　"하나님 짱이예요!!"
　주님께 감사와 찬양을 올려 드렸습니다.

　　감사해요 깨닫지 못했었는데
　　내가 얼마나 소중한 존재라는 것
　　태초부터 지금까지 하나님의 사랑은
　　항상 날 향하고 있었다는 것
　　고마워요 그 사랑을 가르쳐준 당신께
　　주께서 허락하신 당신께
　　그리스도의 사랑으로 더욱 섬기며
　　이제 나도 세상에 전하리라
　　당신을 사랑받기 위해
　　그리고 그 사랑 전하기 위해
　　주께서 택하시고 이 땅에 심으셨네
　　또 하나의 열매를 바라시며

　　_설경욱 곡

효도 중에 효도는 전도입니다

진영자 씨의 어머니는 췌장암으로 투병하고 있습니다. 그 어머니와 아버지 부부는 병원에 올 때마다 늘 손을 꼭 잡고 오는 잉꼬부부이십니다. 어머니가 3개월을 살 거라고 선고받았지만, 저희 병원에 오셔서 9개월째 살아계십니다.

아버지는 어머니의 몸무게가 57킬로그램에서 43킬로그램으로 빠지고 기력과 체력이 떨어지니 걱정이 되었나 봅니다. 출가한 자녀들이 아버지 집에서 가까운 데 살아도 자주 찾아오지 않고 따뜻한 말 한 마디도 건네지 않는 것이 못내 섭섭했나 봅니다. 어머니가 음식을 잘 못 드시고 힘들어하는 모습을 보고 아버님도 힘들어하셨습니다. 한번은 제게 자녀들이 아픈 부모를 섭섭하게 한다고 하소연하듯 말했습니다. 그러자 옆에 계시던 어머님은 자식들을 두둔하셨습니다.

"아니야, 그만하면 잘해요. 괜찮아요. 자기들 생활도 있는데, 직장 있고 애들 키우고 바빠요. 당신이 너무 그러지 마세요."

그러다 하루는 아드님도 함께 오셨습니다. 제가 진료를 끝낼 즈음 조심스럽게 아드님에게 말씀드렸습니다.

"아드님, 부모님 많이 위로해주세요. 자주 찾아보시고, 바빠서 못 찾아가시면 기도와 전화로 위로해주세요. 어머님께 드리는 위로와 격려가 어머님을 살릴 것입니다. 부탁드립니다. 대개 연로하신 분이 환자가 되면 많이 외로워하세요. 며느님께도 말씀하셔서 같이 교회도 잘 다니시고 함께 기도해주세요. 손주들도 손을 모아 함께 기도하세요. 기적이 일어날 것입니다. 부모가 되어보면 부모의 마음을 압니다. 그러나 그렇게 철이 들고 나면 부모님을 공경하고 효도하고 싶어도 계시지 않습니다. 그러니 부모님이 살아 계실 때 많이 위로해드리고 많이 보살펴주십시오."

제가 이렇게 이야기하자 아버님은 연신 고개를 끄덕이셨습니다.

"우리가 오늘이 마지막이라는 절박감을 가지고 전도해야 할 이유가 있습니다. 오는 순서는 있어도 하늘나라 가는 순서는 아무도 모릅니다. 부모님께 드리는 가장 큰 선물은 예수님을 구주로 영접하시게 해드리고, 영생 곧 구원을 선물로 받게 해드리는 것입니다. 그리고 우리가 부모님 살아생전에 공경하고 효도해야 합니다."

그리고 함께 기도하는데 아버님과 어머님이 소리 내어 엉엉 우셨습니다. 저도 기도하면서 함께 울었습니다.

"하나님, 좀 도와주세요. 죽었던 나사로도 살려내신 예수님의 권능이 임하시길 원합니다. 우리 권사님이 얼마나 힘드신지 다 아시잖아요. 잠도 제대로 못 주무시고, 복수가 차서 숨도 쉬기 어렵고 식사도 잘 못 하십니다. 또 아버님은 사랑하는 아내가 아픈 가운데 밤을 지새우는데, 얼마나 외롭게 광야에 서 있는 것처럼 느끼시겠습니까? 하나님, 하늘 문을 열고 도와주셔서 우리 어머님 낫게 해주세요. 모든 자녀들이 함께 교회 출석하고 기도하는 예배자가 되어 어머니를 위해 기도하게 해주세요. 주님이 도와주셔서 암은 떠나가고 건강을 회복하게 해주세요. 모든 자녀가 예수님을 구주로 영접하고 어머니를 위해 기도하며 건강한 가정이 되시길 기도합니다. 예수님 이름으로 기도하옵나이다. 아멘."

진정한 치유와 회복을 위해

저는 환자를 대할 때마다 진정한 치유와 회복을 위해서는 단순히 질병과 상처의 치유뿐만 아니라 본질적인 죄의 문제가 다루어져야 함을 느낍니다. 예수님을 구주로 영접하면 치료가 손쉬워지고 회복이 빠릅니다. 어쩔 수 없이 회복되지 않아도, 예수님을 영접한 뒤에는 행복하고 편안하게 세상을 떠나는 암 환자를 많이 보았습니다.

죽음을 이기신 예수님의 십자가 복음이 진리입니다. 죽음을 이기지 못하면 진리가 아닙니다. 이 복음을 전하면, 그래서 참으로 복음을 영접하면 죽음을 눈앞에 둔 환자라 할지라도 담대해지고 평안을 누리게 됩니다. 그러나 아직도 죽음의 목전에서 방황하며 불안해하는 환자들이 많습니다.

우리가 죄에서 자유한 그리스도인이 되었다면 우리에게 복된 인생이 열린 것입니다. 그런 복을 먼저 받았다면 복음을 전해야 합니다. 제가 환자들에게 친절하게 대하며 기도하고, 만나는 모든 사람들에게 부끄러움을 무릅쓰고 전도하는 이유는 다름아니라 전도가 예수님의 지상명령이기 때문입니다.

제가 죽기 살기로 전도하는 이유는 사실 제가 성령충만해지기 위해서입니다. 전도는 결코 성령의 사람이 아니면 할 수 없습니다. 저는 전도할 때 성령이 임하는 것을 느낍니다. 전도는 제 영이 살기 위해 영적으로 몸부림치는 시간입니다. 전도는 우리를 도우시고 지키시고 복 주시는 성령님이 우리와 함께 호흡하는 복된 일입니다. 제가 전도의 복을 누리려는 참된 이유가 사실 여기에 있습니다.

하나님께서 우리 모두에게 성령충만과 함께 전도의 영을 부어주셨습니다. 그러므로 때와 상황을 가리지 않고 전도에 항상 힘써야 합니다.

일상에서 언제나 전도하려는 마음을 품고 사는, 성령님이 함께하시는 아름다운 삶이 되시길 바랍니다. 삶이 전도합니다.

3부

가족·1
더불·어
행복·해지는 삶

12.   예수 믿는 가정부터 행복해야 전도합니다

우리는 무엇 때문에 살아갑니까?

우리는 무엇 때문에 돈을 많이 벌려고 합니까?

우리는 무엇 때문에 건강하게 오래오래 살려고 합니까?

우리의 진정한 행복은 어디에 있다고 생각합니까?

이 많은 인생의 물음에 대한 답은 오직 하나님, 예수님, 복음, 영혼 구원입니다.

구원은 오직 예수님으로만 가능합니다. 그러므로 삶의 모든 것을 다 주고도 바꿀 수 없는 최고의 가치는 오직 예수 그리스도이십니다. 이 땅에서 사는 인류에게 영혼 구원의 가치만큼 더 큰 가치는 아직 존재하지 않았습니다. 그리스도께서 저를 위해 십자가를 지시고 저를 구원해 주셨으니, 이 복음이야말로 제 삶의 가치요 의미요 감격이요 평생의 사명이 되었습니다. 이 고백은 내 평생, 생명 다하기까지 계속 외쳐도 부족할 것입니다. 그러니 저는 전도하지 아니할 수 없습니다. 전도는 제게 오직 기쁨, 감사, 은혜, 축복입니다.

행복한 일상이 전도입니다

세상에서 천하보다 귀한 영혼에 가치를 두지 않고 세상의 가치를 우선하며 산다면 인생은 결코 거룩해질 수 없습니다. 행복해질 수 없고 건강해질 수도 없습니다.

예수님께서 우리의 구원을 위해 십자가를 지셨다면, 이제는 우리 또한 예수님의 십자가를 함께 지는 심정으로 전도에 인생을 걸어야 할 것입니다. 피 묻은 복음의 가치를 삶으로 현시하고 사랑으로 재현하며 나누는 것이 전도입니다. 전도는 우리 생명이 사는 길이요 건강해지는 길이며, 우리 삶의 의미이며, 우리가 행복해지는 가장 단거리의 경주인 것입니다.

이 땅에서 영혼 구원의 가치만큼 큰 가치는 더 없습니다.

이 땅에서 영혼 구원의 보람만큼 큰 보람도 더 없습니다.

> 지혜 있는 자는 궁창의 빛과 같이 빛날 것이요 많은 사람을 옳은 데로 돌아오게
> 한 자는 별과 같이 영원토록 빛나리라 _단 12:3

전도는 특별한 일이 아닙니다. 삶 자체입니다.

전도는 믿음을 전하는 삶입니다.

전도는 소망을 전하는 삶입니다.

전도는 사랑을 전하는 삶입니다.

전도는 생명을 전하는 삶입니다.

전도는 감사를 전하는 삶입니다.

전도는 화평을 전하는 삶입니다.

전도는 절제를 전하는 삶입니다.

전도는 기쁨을 전하는 삶입니다.

전도는 기도를 전하는 삶입니다.

전도는 헌신을 전하는 삶입니다.

전도는 겸손을 전하는 삶입니다.

전도는 인내를 전하는 삶입니다.

전도는 열정을 전하는 삶입니다.

전도는 온유를 전하는 삶입니다.

전도는 긍휼을 전하는 삶입니다.

전도는 주님을 전하는 삶입니다.

전도는 은혜를 전하는 삶입니다.

전도는 생명을 전하는 삶입니다.

저는 그래서 일상을 행복하게 사는 것이 곧 전도라고 생각하는 사람입니다. 무엇보다 예수님을 믿는 가정이 참으로 행복하게 살아야 이웃에게 전도가 잘 됩니다. 가장인 저 혼자 아무리 전도를 잘 하고 산다 한들, 아내와 자녀가 영혼 구원에 공감하고 동참하지 않는다면 무슨 의미가 있겠습니까?

빨래를 개며 드리는 기도

저는 아내를 많이 많이 사랑합니다. 아내와 결혼하여 함께 살아온 시간이 30년인데 지금도 참 좋습니다. 매일 아내에게 3통의 전화를 꼭 겁니다.

"여보, 당신 남편 방금 병원에 잘 도착했어요. 오늘 날씨가 너무 좋네요. 좋은 하루 되세요. 시간 나면 병원에 나와서 점심 같이해요. 참, 오늘 아침 그 조림 너무 맛있었어요, 당신은 조림의 달인이야!"

"알았어요."

"여보 사랑해요! 당신 만나 행복해요."

"알았어요. 환자 진료나 잘 하세요."

"알았어요. 잘 있어요. 사랑해요. 이따 봐요."

저는 언제나 행복한 마음으로 아내를 도우려 합니다. 출근하기 바쁘지만 빨래 개는 일도 도와줍니다. 빨래를 개면서 우리 집안과 아내를 위해 간절히 기도합니다.

"하나님, 우리 가문의 권속들이 아내가 빨래한 이 옷을 입고 주님 나라 영광을 위해 달려가게 하여 주시옵소서. 아브라함과 이삭, 야곱의 축복을 허락하시고, 요셉과 다니엘과 바울의 축복을 허락하여 주시옵소서. 이 가문의 후대 권속이 수억만 대, 아니 영원토록 예수님을 잘 믿게 하시고, 믿지 않는 자가 한 사람도 나오지 않게 하여 주시옵소서. 우리 가문에 속한 자녀들은 훌륭한 배우자, 목회자, 교회, 선생님, 멘토, 코치, 이웃과 책을 만나게 하여 주시옵소서. 이 시대와 나라와 민족과 세계와 열방을 변화시키는 주님의 일꾼들이 다 되게 하옵소서. 예수님의 이름으로 기도하옵나이다. 아멘.”

저는 이렇게 기도하는 시간이 참 행복합니다.

내가 설거지를 하는 이유

식사한 후 식탁은 제가 다 치웁니다. 설거지할 쟁반도 식기 세척기에 넣고 정리 정돈을 해주고 출근합니다. 이렇게 산 지가 벌써 15년이 되었습니다.

제가 왜 이렇게 하는가 하면, 우선 집이 깨끗해집니다. 식사하고 바로 치우지 않으면 집안에 음식 냄새가 많이 납니다. 여름철에 김치 냄새는 온 집에 다 배입니다. 그걸 미리 막자는 조치이기도 합니다. 이렇게 살림을 돕는 것이 아내를 사랑하고 도와주기 위한 일이기도 있지만, 제 영성 관리에도 도움이 많이 됩니다.

집에서 설거지를 하면 교회에서는 물론 어디에서도 섬김이 몸에 배게 되어서 참 좋습니다. 제가 섬김으로써 아내가 편안해지고 기뻐하는 모습을 보는 은혜가 있습니다. 성경은 “주는 것이 받는 것보다 복이 있다”(행 20:35)고 말씀하지 않습니까?

그리고 가장 중요한 이유는 제가 출근하고 나면 이웃 전도는 아내 몫이 된다는 사실 때문입니다. 사실 이웃들과 접촉할 기회는 아내에게 더 많습니다. 제가 아침 일찍 출근하고 늦게 퇴근하기 때문에 이웃 사람과 접촉할 기회는 엘리베이터 탈 때 말고는 별로 없습니다.

제가 설거지까지 하고 출근하는 진짜 이유는 아내가 가사 일을 할 시간을 줄여주어 남는 시간을 하나님의 영광을 위해 사용하라는 작은 배려입니다. 아내가 아웃 사람들을 초청해 차도 마시고 두런두런 이야기를 나누면서 전도할 수 있지 않겠습니까? 오전에 집이 깨끗하면 아내가 이웃을 초대하기도 쉽습니다. 부엌에 설거지할 일이 가득한데 전도하겠다고 이웃을 부르기도 좀 그렇지 않습니까? "너나 잘 하세요" 하는 말은 듣지 말아야 하니까요. 이렇게 해서 아내가 만난 이웃 중에 전도된 사람이 더러 있습니다.

저의 수고와 배려를 통해 아내가 전도함으로써 천하보다 귀한 영혼이 주님께 돌아오게 된다면, 이만큼 좋은 투자도 드물 것입니다. 이것이 제가 아내를 배려하는 진정한 이유입니다. 주님을 위해, 미래에 예수님을 믿을 이웃을 위해, 그리고 사랑하는 아내를 위해서입니다. 덕분에 아내가 종종 저를 자랑합니다.

"제 남편은 설거지 다 해주고요, 빨래도 다 개 주고요, 그래서 저는 참 행복해요."

예수님을 믿는 가정이 행복해야 이웃 전도가 잘 됩니다. 이웃의 영혼 구원과 행복을 위해 예수님을 믿는 가정이 먼저 행복하게 살아야 합니다. 크리스천이 행복할 때 전도가 더 잘 됩니다. 전도자는 행복한 사람입니다.

가족이 한마음으로 전도한다면

한국교회는 전도하는 일에 시스템을 잘 구축해왔습니다. 훈련의 힘으로 전도하여 교회에 사람이 늘어나고 한국교회가 부흥하는 것처럼 보였습니다. 그러나 지금은 마이너스 성장이 되어가고 있습니다. 그 이유를 많은 부분에서 찾을 수 있지만, 이유의 핵심은 바로 가정이 함께 행복하게 전도하지 않았기 때문이라고 저는 생각합니다.

행복한 가정에서 행복한 전도가 이루어집니다. 행복하게 전도하는 가정이 행복하고 성숙한 가정이 될 것입니다. 그런데 대부분 어머니만 전도하거나 아버지가 자녀에게 전도하는 본을 보이지 않았습니다. 훈련과 프로그램을 지나칠 정도로 많이 도입하여 개인적인 전도 활동은 강조했지만, 가정를 통해 믿음이 전승되고 가족이 함께 전도하는 차원까지는 이르지 못한 것입니다.

가정이 함께 전도하는 일은 가정 안에서 함께 행복하게 생활해야 자연스럽게 할 수 있습니다. 가정이 행복하지 않은데, 부모가 자녀에게 삶의 모범이 되지 않는데, 어떻게 가족이 모두 전도할 수 있을까요?

물론 부모가 자녀에게 세상에서 잘 사는 법을 가르치기도 해야 합니다. 그러나 예수님과 하나님 나라의 가치를 먼저 가르치지 않으면 기독교 가정의 승패는 벌써 결론이 나는 것입니다. 가족이 함께 예수님을 전하는 사명을 품어야 결국 가정이 살아날 것입니다. 오직 주님을 귀하게 생각하고, 그 귀한 주님을 가족이 함께 전한다면, 주님께

서 우리가 생각하지도 못한 축복과 은혜와 기쁨과 감사를 우리 가정
에 부어주실 것입니다.

예배와 가정, 전도와 영혼 구원, 신앙생활은 제각기 돌아가는 것이
아닙니다. 전인격적으로 하나가 되어야 움직이는 통합 구조입니다.
어느 한 가지도 틈이 생기면 오래 지탱하지 못하는 것입니다.

이제 가정에서부터 부모와 자녀가 한마음으로 주님 안에서 함께
행복한 예배를 드리며, 함께 교회를 섬기며, 함께 전도하는 구조로
변화시켜 나가야 합니다. 이것이 21세기 가정과 교회와 성도가 사는
길입니다. 행복한 가정의 얼굴에서 전도의 능력이 뿜어나기 때문입
니다.

가정이 더 행복하고 더 따뜻하고 은혜가 넘치려면 성령 하나님께
서 그런 능력을 허락하셔야 합니다. 그래서 우리의 노력 이상으로 중
요한 것이 성령님의 인도하심입니다. 가정에서부터 성령 충만해야
영혼을 구원하고 귀한 생명을 살릴 수 있으며, 우리 가정이 그들을
주님께 인도하는 디딤돌이 될 것입니다. 주님의 자녀들이 모여 사는
가족이 일상생활 속에서 함께 전도를 습관화시켜야 합니다.

자녀에게 가장 큰 선물

부모부터 영혼을 사랑하는 마음으로 전도하면 가정은 자연스럽게
성령 충만하고 행복한 가정이 됩니다. 가정이 성령 충만하여 영혼을

사랑하는 주님 사랑으로 충만해지면 자연히 은혜와 사랑의 말, 용서의 말, 격려와 위로의 말, 칭찬과 축복의 말이 가득한 지혜롭고 따뜻한 가정이 될 것입니다.

부모가 눈물로 주님 앞에 드리는 전도 사명의 고백을 듣는 자녀는 부모에게 가장 큰 선물을 받은 것입니다. 어떻게 해서든 예수 믿는 가정의 은혜를 나누는 일을 사명처럼 여기고, 전도는 오직 주님의 자녀만이 할 수 있는 특권이라는 사실을 알도록 가르쳐야 합니다.

이제 이 시대의 온전한 전도는 한 사람의 수고만으로 되는 것이 아니라, 가족이 더불어 동역하고 동참하고 동의할 때 이루어지는 주님의 거룩한 일입니다. 한국교회의 새로운 부흥은 성령이 충만하여 헌신한 한 사람의 가정에서 자연스럽게 시작될 것입니다. 우리 모두 이 거룩한 부흥의 불쏘시개로 사용되길 기대합니다.

당신의 가정에서 먼저 가족 전도를 시작하십시오. 주님 안에서 인생이 바뀌는 행복한 이야기가 나로부터, 내 가정에서부터 시작되길 소원합니다.

13. 가족이 손잡고 단기선교에 동참해보세요

요즘 우리나라가 예전에 비해 조금 잘 살게 되었습니다. 예전에는 골병이 들 정도로 뼈 빠지게 일하고 쉬는 시간도 없었습니다. 가족은 멀리하고 생존하기에 급급하였습니다.

이제 우리네 살림에 조금은 여유가 생겼습니다. 가족이 운동도 함께 하고 국내여행은 물론 해외여행까지 다닐 수 있게 됐습니다. 특히 가족이 함께 여행다니는 것이 가족의 버킷리스트 중에 하나가 되었습니다. 그렇다면, 이왕이면 가족이 함께 단기선교여행을 해보면 어떻겠습니까? 가족이 함께 선교여행을 하면 우선 자녀에게 선교와 전도의 비전을 심어주고 믿음을 전승할 수 있습니다.

예수님을 향한 사랑과 믿음을 당대 개인에서 끝낼 수 없습니다. 십자가 사랑과 영혼 사랑과 전도는 대를 이어 영원토록 지향해야 할 기독교 가정의 사명입니다. 더구나 지금은 믿음에 소망을, 소망에 사랑을 더하여 영혼을 사랑하며, 십자가 사랑에 충만한 가정이 필요한 시대입니다. 그런 의미에서 가족이 함께 영혼 구원을 위한 선교여행을 갈 수 있다면 더 행복해지고 감사하게 될 것입니다.

그리스도인 가정의 진정한 성공은 가족 모두가 하나님의 가치를 알고 그분의 명예와 영광을 가족의 행복한 삶으로 지켜드리는 것입니다. 어떤 순간에도 주님을 선택하고 주님과 함께 행복하게 승리하는 것입니다. 가정의 중심 중의 중심, 그 핵심에 그분의 나라와 의를 두고 주님께만 소망을 둔다면, 주님께서 그 가정의 만사를 형통하게 해주실 것입니다. 주님 안에 거하는 삶이 세상에서 망할 것 같아도 결국 형통한 삶입니다.

무엇보다 영혼을 사랑하는 마음으로 이웃을 섬기고 복음을 전하는 전도는 배워서 남 주고 벌어서 남 주는 크리스천 삶의 기본 중의 기본입니다. 그러므로 인생의 성패와 행복한 가정은 믿음과 전도라는 우선순위의 선택에서 시작됩니다.

전도와 영혼 사랑이 진정한 직업이 되고 직장이 되면, 우리가 저 천국에 들어가는 순간 비로소 퇴직하고 영원한 안식이 시작될 것입니다. 그때까지 전도는 누가 뭐라고 해도 우리 가정에서 함께 달려가야 할 행복한 사명입니다. 특히 가족이 함께 선교여행을 가면 그 사명을 말이 아닌 몸으로 체득하게 해줄 것입니다.

수술대 옆에서 도운 아들의 고백

필리핀 의료선교 현장에서 환자를 수술하는 일은 거의 죽음에 이르게 합니다. 많은 환자를 보다가 쉬지도 못하고 시간을 내어, 열악한 환경에서라도 해야 하는 수술이기 때문입니다. 날씨는 덥고 땀은 비 오듯 흘러내려 눈을 가립니다. 무영등(無影燈) 같은 시설은 아예 없고 수술대조차 없어서, 탁자 위에 비닐 장판을 깔고 간이 수술대를 만들어 쪼그려 앉다시피 엉거주춤한 자세로 수술해야 합니다.

수술할 환자가 생기면 현지 사정상 전신마취를 하지 못하고 국소마취를 하기에 환자의 수술 부위가 크면 애를 먹습니다. 예기치 않은 출혈에도 대처해야 합니다. 절개 상처가 크면 드레싱을 많이 해야 하고, 열악한 조건에서는 빠르고 간단하게 수술하는 지혜와 손놀림이 필요합니다. 그러기에 더 기도하게 됩니다.

2011년부터 제가 필리핀에서 수술하는 동안 큰아들 창엽이에게 수술 부위에 플래시를 비추게 하였습니다. 무영등을 대신하게 한 것입니다. 저는 쪼그린 자세로 수술하고 창엽이는 불을 비춰야 해서 수술 내내 저희 부자는 땀을 비 오듯 흘렸습니다. 자세가 그러니 수술 내내 힘이 더 들고 기운이 다 빠졌습니다. 더구나 2011년에 수술한 그 환자는 15년 동안 종양을 품고 있었고 조금 컸기에 힘든 수술이었습니다.

수술을 마치고 나자 창엽이가 울기 시작했습니다. 저는 창엽이가 수술 장면을 보느라 힘들어서 그런 줄 알고 아들을 꼭 껴안아 주었습니다. 그러자 아들이 울먹이며 이렇게 말했습니다.

"아빠가 수술하시는 동안 제가 아무것도 할 수 없다는 것이 안타깝고, 아버지가 이처럼 고생하신 것에 눈물이 났어요. 저분들도 참 불쌍합니다. 아빠, 사랑하고 존경해요. 저도 의사가 되어 아빠의 뒤를 이어 의료선교사가 될게요.”

제가 아들에게 자연스럽게 듣고 싶었던 말을 필리핀 의료선교 22년 만에 들은 것이었습니다. 그 순간 얼마나 감사했던지 저도 울컥 눈물이 났습니다.

“그래, 고맙구나! 우리 큰아들이 이제 철이 다 들었구나.”

수술과 더위로 몹시 피곤했지만, 그날은 파란 하늘을 바라보며 모든 피곤을 다 떨쳐버릴 수 있었습니다.

“하나님 감사합니다. 주님께 영광을 돌립니다.”

창엽이는 그날 80명 대원이 돌아가면서 받은 은혜를 나누는 간증 시간에 이 고백을 다시 했습니다. 자신도 아빠처럼 의사가 되어 의료선교를 하고 싶으니 이 꿈을 위해 기도해달라고 요청하였습니다. 저와 아내의 눈에는 물론이고, 모두 저의 제자들로 구성된 선교팀의 눈에도 눈물이 맺혔습니다. 저는 그날 간증한 아들을 또 끌어안고 말했습니다.

“아들아, 땅끝에서 복음 전하는 이 일 하다 죽으면, 우리는 하늘 중앙에서 다시 만나자.”

저는 오늘도 창엽이의 눈물의 고백을 붙들고 기도합니다.

“하나님, 도우소서. 아름다운 제 아들의 순수한 헌신을 받으소서.”

말이 뒷발로 배를 걷어찼지만

저는 필리핀 의료선교를 통해 제가 사랑하는 두 아들 창엽이와 성엽이가 선교의 비전을 품게 되고 함께 전도하는 가족이 된 것을 주님께 크게 감사합니다.

1997년부터 선교에 동행해온 창엽이는 지금까지 형답게 사역을 묵묵히 잘 도와주었습니다. 둘째 성엽이는 2000년부터 동참해왔는데, 두 아들은 현지 아이들과 아무 거리낌 없이 잘 어울립니다. 원주민 집에 찾아가 함께 뒹굴고 밥도 같이 먹고, 잠도 같이 자기도 하면서 친하게 지냅니다.

우리 한국 농가에서는 예전에 재산 1호가 소였다면, 필리핀은 재산목록 1위가 돼지입니다. 하루는 성엽이가 아기 돼지가 신기한 나머지 잡으러 다니다가 말의 뒤로 가는 바람에 놀란 말이 뒷발질해서 배를 차였습니다. 그 장면을 목격한 한 자매는 성엽이가 붕 날아 땅바닥에 쾅 소리를 내며 떨어졌다고 증언했습니다.

그때 성엽이 배를 보니 손바닥만한 말발굽 자국이 선명해 얼마나 놀랐는지 모릅니다. 혹시 간이나 비장 파열로 혈복증이 되면 어찌 하나 당황했습니다. 그러면 그곳에서는 수술할 수도 없고 아이가 죽는 것입니다. 우리 선교팀은 두려움과 떨리는 마음으로 눈물로 기도했습니다.

그런 가운데 하나님께서 성엽이를 깨어나게 해주셨습니다. 다행히 내장에 별 손상이 없었던 것입니다. 성엽이는 깊은 잠에서 깨어난

듯, 다시 일어나 현지 아이들과 또 뛰어놀았습니다.

그날, 우리가 진료하던 라굼교회 앞에 쌍무지개가 걸렸습니다. 주님께서 염려하던 대원들을 위로해주신 것입니다. 그 자리에서 우리 세 부자는 기념으로 사진을 찍었습니다.

그렇게 험하게 놀기도 하고 말에도 차이고, 어릴 때부터 어려운 일을 많이 겪었어도 주님의 은혜로 잘 견디고 잘 자라주었습니다. 하나님께서 키워주신 것입니다. 그 일 이후, 해마다 라굼교회에서 아들이 건강하게 뛰어노는 모습만 보아도 눈물이 핑 돕니다. 우리가 그 땅에 가서 서 있는 감격을 매년 누려온 것이 감사합니다.

믿음의 가정과 함께하는 영혼 구원

가정이 회복되고 복받는 비결은 전도하고 선교하는 가정이 되는 것입니다. 가정이 이 땅에서 하나님 나라를 이루며 사는 길은 가족이 함께 전도하고 선교하며 영혼을 구원하는 일입니다.

하나님께 영혼을 사랑하는 뜨거운 고백을 삶으로 드린다면, 더 귀한 하나님의 복이 가정마다 임할 것입니다. 하나님께서 반드시 하늘 복으로 채우실 것인데, 자녀가 잘되고 범사에 잘 될 것입니다.

전도하는 가정은 사랑이 넘치는 건강한 가정이 되고 주님께서 하늘 복으로 꼭 채우십니다. 영혼을 사랑하는 전도(선교)를 통한 또 다른 선물을 주님께서 풍성하게 주실 것입니다.

가정이 선교에 함께 함으로써 불편했던 아버지와 아들의 관계가 회복된 가정도 있었습니다. 중학교에서 거의 꼴찌를 하던 문제아가 선교를 다녀온 후 고등학교를 매우 우수한 성적으로 졸업하고 서울대 경영학과에 입학한 일도 있었습니다. 해외에서 선교하는 가정은 국내에서 전도하는 가정과 마찬가지로 주님의 기적이 떠나지 않습니다.

자녀에게 무엇을 해주고 있습니까?
자녀와 부모의 관계가 어렵습니까?
자녀가 어떻게 살기를 고민하십니까?
자녀에게 가장 좋은 것이 무엇이라고 생각하십니까?

가정의 행복을 원하신다면, 자녀들에게 선교의 비전을 심어주길 바라신다면, 가족이 이 시대에 살아계신 하나님을 단시간에 경험하려면, 가능하면 1년에 한 번씩 가족이 함께 단기선교에 참가해보시기 바랍니다. 주님의 놀라운 은혜와 가정의 소중함을 체험하고 행복하게 귀국하게 될 것입니다. 선교의 현장에서 살아계신 주님을 만날 것입니다. 주님의 사랑으로 사역을 감당하면서 주님 사랑과 이웃 사랑을 체험할 뿐 아니라 귀한 가족 사랑까지 누리게 될 것입니다. 저는 이 경험이 제일 큰 가정의 복이 될 것이라고 믿습니다.

가족들로 구성된 의료선교팀

감사하게도 저희 의료선교팀 대원들은 거의 가족 중심입니다. 가족이 함께 선교에 참여하는 것입니다.

나영인 집사님과 장미영 집사님 가정에는 유경, 선교, 하경 세 명의 자녀가 함께 참여하고 있습니다. 문옥봉 집사님과 정숙자 집사님 가정에서는 승호, 승현이가 동역합니다. 최바울 선생님과 박지원 선생님 가정에서는 혜원이가, 하승인 선생님과 박지현 집사님 가정에서는 윤서와 예원이가, 김수근과 심정임 집사님 가정에서는 태준이가, 이준한과 김임숙 집사님의 가정에서는 영광이가, 정원화 원장님과 손정렬 집사님 가정에서는 승희와 진우가 참여합니다.

박형진 선생님과 그의 아들 건이, 김은영 선생님과 김경태 집사님의 가정에서는 성진이가, 김상길과 김영경 집사님 가정에서는 지유와 온유가, 이서형 집사님 가정에서는 영경과 기남이가, 조성곤 집사님과 조지예 집사님 가정에서는 대영이와 세영이가 참여합니다. 황용미 간호사의 조카인 은서와 지훈이, 그리고 박영근 선생 가정의 하민이와 하린이까지, 모두 귀한 동역자입니다. 이들 가정은 지금까지 저와 길게는 15년, 보통은 10년 동안 필리핀 선교에 함께해왔습니다. 이 가정들은 선교하는 가족의 모습을 보여줌으로써 다음세대 청년들에게 귀한 도전을 주고 있습니다.

14. 가족이 양화진에 함께 서보면 느끼는 것들

어느 추운 겨울, 우리 가족 모두 양화진 선교사 묘지를 찾아가 기도했습니다. 저는 우리나라에 복음을 들고 외롭게 찾아와 고생하고 갖은 고초를 당하고 순교까지 당하신 분들이 감사했습니다. 그래서 두 아들 창엽이와 성엽이에게 우리나라가 어떻게 예수님을 믿게 되어 이렇게 신앙생활을 하게 되었는지 보여주고 싶었습니다. 주님을 위해 자신을 드린 희생만큼 이 세상에 아름다운 삶이 없다는 것도 보여주고 싶었습니다.

그곳에는 언드우드, 아펜젤러, 에비슨, 허버트 등 우리들이 알 만한 유명 선교사들의 묘역도 있지만, 태어나자마자 숨진 어린 아기들의 묘비도 있습니다. 선교사의 어린 자녀들이 채 자라기도 전에 병으로 운명했던 것입니다. 그밖에도 이름 모를 선교사님들이 얼마나 많은지요.

작고 부서진 보잘것없는 십자가 묘비들이지만 오히려 제 눈을 사로잡기에는 충분히 컸습니다. 저분들의 사랑과 희생, 눈물과 땀과 순교의 피로 인해 우리가 예수님을 믿게 되었다고 생각하니, 더욱 경건

해지고 뜨거워졌습니다.

무덤을 본 아들의 질문

1989년 처음 필리핀 의료선교를 갈 때, 양화진에서 기도했던 추억이
스쳐 지나갑니다. 묘지 앞의 국화 송이는 시들어 있었고, 추석이 다
가오는데도 잡초는 무성했습니다. 누군가 관리는 하겠지만, 아마도
손길이 부족한 듯했습니다.

집 두 채가 묘지 담벼락에 붙어 있었는데, 저 집들이 선교사님의
후손들이 이곳을 찾았을 때 게스트하우스가 되면 좋겠다는 생각도
가져 보았습니다. 많은 단상이 지나갔습니다.

그때 성엽이가 질문했습니다.

"엄마, 저분들이 왜 우리나라에 왔어요?"

성엽이 어렸을 때였는지라 선교사에 대해 잘 모를 때였습니다. 아
내가 대답해주었습니다.

"응, 하나님의 사랑과 은혜로 우리에게 예수님의 복음을 증거하러
오셨지. 그래서 온갖 고난과 고통을 당하고 여기에 묻히셨단다."

저도 한 마디 거들었습니다.

"우리 두 아들 창엽이와 성엽이도 이런 삶을 살아라."

"예, 엄마 아빠."

우리 가족은 양화진을 나오는 길에 등나무 밑에 앉아서 서로 손을

잡고 기도를 드렸습니다. 우리 가족을 복음의 도구로 계속 사용해주시기를 간구했습니다. 이곳에 자주 와야겠다는 생각도 했습니다.

저는 양화진에 갈 때마다, 그때 선교사님들은 한국에서 무슨 생각을 하셨을까 궁금해집니다. 아마도 이런 마음이 아니었을까요? 언더우드 선교사님의 가슴 저미는 글입니다.

보이지 않는 조선인의 마음

주여! 지금은 아무것도 보이지 않습니다.
주님, 메마르고 가난한 땅
나무 한 그루 시원하게 자라 오르지 못하고 있는 땅에
저희들은 옮겨와 앉았습니다.
그 넓고 넓은 태평양을 어떻게 건너왔는지,
그 사실이 기적입니다.

주께서 붙잡아 뚝 떨어뜨려 놓으신 듯한 이곳,
지금은 아무것도 보이지 않습니다.
보이는 것은 고집스럽게 얼룩진 어둠뿐입니다.
어둠과 가난과 인습에 묶여 있는 조선 사람뿐입니다.
그들은 왜 묶여 있는지도, 고통이라는 것도 모르고 있습니다.
고통을 고통인 줄 모르는 자에게 고통을 벗겨주겠다고 하면 의심부터 하고 화부터 냅니다.

조선 남자들의 속셈이 보이질 않습니다.
이 나라 조정의 내심도 보이질 않습니다.
가마를 타고 다니는 여자들을 영영 볼 기회가 없으면 어쩌나 합니다.
조선의 마음이 보이질 않습니다.
그리고 저희가 해야 할 일이 보이지 않습니다.

그러나 주님, 순종하겠습니다.
겸손하게 순종할 때 주께서 일을 시작하시고,
그 하시는 일을 우리들의 영적인 눈이
볼 수 있는 날이 있을 줄 믿나이다.
"믿음은 바라는 것들의 실상이요,
보지 못하는 것들의 증거니"라고 하신 말씀을 따라
조선의 믿음의 앞날을 볼 수 있게 될 것을 믿습니다.

지금은 우리가 황무지 위에 맨손으로 서 있는 것 같사오나,
지금은 우리가 서양귀신, 양귀자라고 손가락질받고 있사오나,
저희들이 우리 영혼과 하나인 것을 깨닫고, 하늘나라의 한 백성,
한 자녀임을 알고 눈물로 기뻐할 날이 있음을 믿나이다.

지금은 예배드릴 예배당도 없고 학교도 없고
그저 경계와 의심과 멸시와 천대함이 가득한 곳이지만,
이곳이 머지않아 은총의 땅이 되리라는 것을 믿습니다.
주여! 오직 제 믿음을 붙잡아 주소서!
_언더우드 선교사의 기도

우리 모두는 주님께, 그리고 우리나라에 복음을 전한 선교사님들께 빚진 자입니다. 양화진에 설 때마다 그 선교사님이 회상한 조선을 생각하게 됩니다. 그리고 이 땅의 복음화를 위해 기도합니다.

"주님, 주님의 나라가 이 땅에 속히 임하게 하소서. 부흥의 물결이 넘치게 하소서."

이 땅의 부흥을 바라며 찬양을 불러봅니다.

이 땅의 황무함을 보소서
하늘의 하나님 긍휼을 베푸시는 주여
우리의 죄악 용서하소서 이 땅 고쳐 주소서
이제 우리 모두 하나 되어 이 땅의 무너진 기초를 다시 쌓을 때
우리의 우상들을 태우실 성령의 불 임하소서
부흥의 불길 타오르게 하소서
진리의 말씀 이 땅 새롭게 하소서
은혜의 강물 흐르게 하소서

성령의 바람 이제 불어와

오 주의 영광 가득한 새 날 주소서

오 주님 나라 이 땅에 임하소서.

_고형원 곡

다음세대에게 복음으로

함께 전도하는 저희 가정은 이제 가정 안에 힘든 일이 있으면 기도부터 하는 집으로 가정의 문화가 바뀌었습니다.

하루는 누님의 아들인 조카 경섭이 국제전화로 제게 기도를 부탁했습니다.

"삼촌, 나 지금 공부가 많이 힘들고 영적으로 다운되었어요. 기도해주세요."

이렇게 저에게 전화로 상담하면 제가 전화로 기도해줍니다. 경섭이가 큰 삼촌과 전화하고 나서 마음이 평안해졌다고 전하면 누님이 우십니다. 우리가 예수 믿는 믿음의 가족이 된 것이 참 감사하다고 말씀하십니다. 사랑의 하나님은 이렇게 우리 가족과 늘 동행하십니다. 세밀하게 배려하시며 은혜로 인도해주십니다.

한번은 제가 친분이 있는 어느 분의 간청으로 암 환자의 가정에 왕진을 갔습니다. 가서 보니 믿는 가정이고 환자는 78세 되신 권사님이셨습니다. 환자를 진료하면서 같이 웃고 같이 울고 기도하며 은혜로운 시간을 보냈습니다. 하나님의 손길을 삶의 현장에서 경험하면 감격의 눈물이 늘 앞을 가립니다.

알고 보니 그 아픈 권사님은 따님 집에서 살고 계신 것이었습니다. 사위가 오래전에 아내와 장모님을 비롯해 모든 가족을 전도했다고 합니다. 그랬던 사위가 지금은 정작 직장생활로 인해 술과 담배를 한다고 했습니다. 제가 권면했습니다.

"오늘 당장 술과 담배를 끊으시기 바랍니다. 술과 밤 문화로 접대하지 않아도 하나님께서 사업 하게 해주십니다. 지난날의 신앙을 회복하시기 바랍니다. 그게 축복입니다. 장모님을 더 위로하시고 장모님께서 이 가정에 계신 것을 감사하게 생각하십시오."

그러자 사위가 순종했습니다.

"저도 이번 고난주간이 지나면 신앙생활 제대로 해야지 생각하고 있었습니다. 오늘 이병욱 장로님을 우리 가정에 보내신 하나님의 뜻이 있는가 봅니다. 참 잘 오셨습니다. 감사합니다."

사위와 아내가 이구동성으로 말했습니다. 주님께서 제가 바쁜 가운데도 그 가정에 왕진하게 하신 이유가 있는 듯했습니다.

가정이 복음화되면 참 행복이 따라온다

이제는 저희 친척들도 은혜 가운데 거의 다 교회에 출석하고 예배드립니다. 누님의 가정도 친척들 가정도 예수님을 잘 믿고 예배자가 되었습니다. 권속들은 사는 곳이 서로 달라 주일에 같은 장소에서 예배드리지는 못하지만, 우리 가문의 권속들이 어디에선가 하나님께 예배드린다는 사실만으로도 눈물 나도록 감격스러운 주일이 됩니다. 간혹 아직도 버티는(?) 사람이 있긴 하지만 그들이 더 사랑스럽습니다. 그들을 위해 계속 기도하라는 주님의 뜻이 있는 것 같습니다.

몇 년 전, 제가 사랑하는 둘째 숙부님께서 돌아가셨습니다. 갑자기 아프셨는데, 회복되지 못하고 천국으로 가셨습니다. 삼촌은 사는 동안 고생을 많이 하셨습니다. 그러나 나이 들어서 예수님을 잘 믿고 교회 생활도 열심히 하셨습니다. 예수님을 믿기 전에는 매일 술로 보내신 분이셨는데, 회개하고 교회로 돌아오셨던 것입니다. 아프실 때 제가 병원에 방문하여 기도해드리니 얼마나 좋아하셨는지요. 삼촌이 저에게 이렇게 고백하셨습니다.

"기도와 예배가 이렇게 좋은 것인지, 말씀이 이렇게 좋은 것인지 진작 알았더라면! 병욱아, 네가 믿으라고 할 때 못 이기는 척 더 빨리 믿을 건데, 후회가 되는구나."

저는 삼촌이 지상에서 삶을 다 마치시고 천국으로 가시라고 파송해드렸습니다. 이제는 천국에서 평안하게 계실 것입니다.

이제는 가정이 복음화되니 자연스럽게 행복해졌습니다. 만나면 예배드리고 자연스럽게 식사기도를 하고 복음에 대한 이야기를 나눕니다. 행복합니다. 너무, 너무 행복합니다.

세상에서 가장 큰 행복

가정의 복음화가 가정 문화의 많은 부분을 바꾸고 새롭게 만듭니다. 주님께서 주인인 가정은 환경을 넘은 평강과 평안이 있습니다.

> 평화 하나님의 평강이 당신의 삶에 넘쳐나기를
> 평화 하나님의 평강이 당신의 삶에 가득하기를 축복합니다
> _ 김창석 곡

저희 가정에서는 창엽이와 성엽이도 아내도 전도를 곧 잘 합니다. 참 감사합니다. 우리 가족이 함께 전도하며 사는 이유는 예수님 외에는 구원이 없기 때문입니다. 우리 가문의 권속들이 언제나 예수님을 잘 믿으며 예배드리고, 이제는 가문 전체가 전도자가 되기를 꿈꾸어봅니다. 가족이 함께 전도하는 것은 이 세상에서 받는 어떤 축복보다 큰 축복이요 이 땅에서 누리는 어떤 행복보다 큰 행복입니다.

> 다른 이로써는 구원을 받을 수 없나니 천하 사람 중에 구원을 받을 만한 다른 이름을 우리에게 주신 일이 없음이라 하였더라 _행 4:12

저희 집안의 다음세대에 복음의 강물이 계속 흘러가기를 눈물로 기도합니다. 이 책을 읽는 분도 모두 다음세대에게 거룩한 복음을 선물하기를 축복합니다. 우리가 먼저 전도하지 않고 신앙의 본이 되지

않으면 믿음의 다음세대가 아닌 다른 세대가 나올 것입니다.

여호와를 경외하는 자에게는 견고한 의뢰가 있나니 그 자녀들에게 피난처가 있

으리라 _잠 14:26

15. 전도자의 기도는 반드시 응답받아요

기도는 습관을 따라, 유혹에 빠지지 않게, 무릎을 꿇고, 시험에 들지 않게 일어나 하는 것입니다. 사실 기독교는 기도교입니다.

> 예수께서 힘쓰고 애써 더욱 간절히 기도하시니 땀이 땅에 떨어지는 핏방울 같이 되더라 _눅 22:44

우리가 기도하는 이유는 응답받기 위함입니다. 우리는 특정한 일을 통해 구체적인 기도응답을 받을 때가 있습니다. 그렇게 기도에 응답받는 것 자체가 기적입니다. 우리가 하나님의 은혜 안에 있다는 증거이기도 합니다.

"기도한다고 됩니까?"

몇 년 전 서초동 한양아파트 2동 306호에 살 때였습니다. 어느 날 병원진료를 마치고 퇴근했더니 집안 분위기가 심상치 않았습니다. 그래서 식사 중에 무슨 일이 있었느냐고 물었습니다. 이유는 아내가 107호에 다녀왔는데 리모델링 인테리어를 너무 잘했다고 시샘이 난 것입니다. 평범한 우리집이 못마땅해서 마음이 좀 상해 있었습니다.

"107호에 가서 살면 얼마나 좋을까? 할 수만 있다면, 딱 2년만이라도 살면 참 편리할 거야."

제가 바로 이렇게 말해주었습니다.

"주님께 기도해보세요."

그러자 아내는 반문했습니다.

"기도한다고 됩니까?"

"예, 기도하면 됩니다. 전능하신 하나님께서 못하실 일이 어디 있습니까?"

> 그러므로 내가 너희에게 말하노니 무엇이든지 기도하고 구하는 것은 받은 줄로 믿으라 그리하면 너희에게 그대로 되리라 _막 11:24

저는 식사를 마치고 제방에 들어가 기도했습니다.

"주님, 아내가 저렇게 원하는데 딱 2년만 107호에서 살게 해주세요. 그래서 하나님의 살아계심을 증거할 수 있게 해주세요."

다음 날 아침 출근을 위해 현관을 나가려던 제 발걸음이 107호 앞에서 멈추었습니다.

'주님, 이 집입니다. 제가 들어가 보지는 않았지만, 이 집에서 2년

만 살게 해주세요.'

그렇게 기도하고 출근했습니다.

며칠 뒤, 갑자기 107호에 사는 변호사 가정이 다른 곳으로 이사 가게 되었다면서 아내에게 이런 제안을 했습니다.

"엽이 엄마, 이 집에서 2년만 사세요, 아니, 꼭 살아주세요. 지금 살고 있는 윗집보다 싸게 해드릴게요"

그래서 우리는 2년 동안 그 집에서 참 편하고 행복하게 지낼 수 있었습니다.

비행기 태워달라는 기도에도 응답하시고

몇 해 전, 하나님이 저희 부부를 헬리콥터에 태워주신 일이 기억납니다.

제가 전국적으로 이름이 알려지고 간증 사역이 바빠지자 서울은 물론 지방에 갈 일도 많아졌습니다. 서울 근교는 괜찮지만 지방은 다니기가 어려웠습니다. 시간도 많이 걸리고, 차편 연결이 순조롭지 않으면 아침부터 저녁까지 고생 아닌 고생을 하게 됩니다.

지금은 그나마 KTX가 생겨 다소 편리해졌습니다만, 교통이 여전히 좋지 않아 서울에서 가기 힘든 지역이 여전히 있습니다. 경주, 포항, 울산, 목포, 여수, 순천, 거제도 같은 곳들입니다.

저는 지방 집회를 위해 기도하는 가운데 "주님, 교통 안 좋고 먼 지역은 비행기 태워주세요. 그러면 제가 자유롭게 집회 사역을 다닐 수 있지 않을까요?"라고 기도하곤 했습니다.

어느 날 거제 고현교회에서 성전기공예배 후 부흥집회 인도를 해 달라는 부탁을 받았습니다. 저로선 다른 지방보다 다녀오기가 더 좋지 않은 곳이라 부담스러웠습니다. 그래도 기도하면서 하나님 음성을 듣고 가기로 결정했습니다.

거제 고현교회에서 이틀간의 집회를 은혜롭게 마쳤습니다. 집회 후 저에게 위암 수술을 받았던 환자 두 분을 만날 수 있었습니다. 그 분들이 예수님을 믿지 않았는데, 제게 수술받은 다음부터 예수님을 잘 믿고 권사님과 집사님이 되었다는 이야기를 들었습니다. 집회 가운데 주신 하나님의 은혜 위에 또 다른 은혜를 누리게 되었습니다.

그렇게 은혜롭게 집회를 마치니 거제 삼성조선소에서 근무하시는 집사님 한 분이 제게 조선소 견학을 제안하셨습니다. 그래서 목사님 내외와 함께 조선소를 견학하게 되었습니다. 견학할 때 저희를 태운 차는 외국에서 오는 손님들을 위한 의전용 고급 차량이었습니다. 우리나라 조선 기술 수준이 세계 1위라는 이야기를 들으면서, 집에 돌아가려면 9시간 이상 걸릴 거라는 걱정도 잊고 있었습니다.

오후 3시쯤 되었을 무렵 그 집사님이 제게 물었습니다.

"교수님, 배 타실 시간이 몇 시입니까?"

"3시 30분쯤입니다."

그러자 견학 담당자가 전화기를 꺼내더니 이렇게 물었습니다.

"혹시 배 대신 비행기 타고 가셔도 됩니까? 헬리콥터입니다만."

제가 어떻게 감히 안 된다고 말할 수 있겠습니까? "너무 좋지요!" 라고 대답했습니다. 서울 갈 길을 생각하니 막막하던 차에 반가운 이야기가 아닐 수 없었습니다. 그래서 시간 여유가 생겨 시설을 좀더 돌아볼 수 있었습니다.

헬기장에 도착하니 제일 좋은 두 자리를 저희 부부를 위해 남겨놓고 대기하고 있었습니다. 우리가 타자마자 헬리콥터가 바로 거제도를 출발하여 불과 14분 만에 김해공항에 도착할 수 있었습니다. 그래서 비행기를 타고 김포공항을 통해 서울로 빨리 돌아올 수 있었습니다. 거제도로 내려갈 때는 무려 9시간 이상 걸렸던 길이었는데, 집에 돌아오기까지 불과 2,3시간 정도 걸렸던 것 같습니다. 너무 감사했습니다.

더구나 그날은 제 결혼기념일이기도 했습니다. 결혼기념일에 헬기 안에서 남해안 다도해의 절경을 볼 수 있는 특권을 주신 멋진 하나님께 감사하지 않을 수 없었습니다. 우리 부부는 헬리콥터 안에서 헤드폰 같은 방음차단 귀마개를 쓰고 대화를 나누었습니다.

"여보, 진짜 바다가 멋지제?"

"예, 멋지고 좋아요."

"행복해?"

"그럼요. 행복해요."

"내하고 결혼 잘 했제? 우리집에 시집 잘 왔제?"

"예~, 잘 알았어요."

알고 보니 그 낯간지러운 대화를 조종사를 비롯한 동승자들도 다 들었던 것입니다. 하지만 저희는 감격한 나머지 주위 사람은 아랑곳하지 않았습니다. 헬리콥터도 태워주신 주님이시니, 제가 영혼 구원을 위해 간구할 때마다 응답해주실 것을 더 확실히 믿게 된 좋은 하루였습니다.

구하라 그리하면 너희에게 주실 것이요 찾으라 그리하면 찾아낼 것이요 문을 두드리라 그리하면 너희에게 열릴 것이니 _마 7:7

작은 바람의 기도에도 응답하시니

창엽이가 미국 워싱턴대학교에 진학하게 되었습니다. 우리 가족은 아들이 다닐 대학교를 관광하게 되었습니다. 그 대학에는 진승이라는 창엽이의 유치원 동기가 이미 다니고 있었는데, 저의 의대 동기인 여 선생님의 아들입니다. 진승이가 무척 똑똑하고 재치 있는 아이인가 봅니다. 창엽이는 신입생이지만 진승이는 1년 앞서 입학했으므로 이미 2학년이었습니다. 아내는 진승이를 만나 대학 생활 정보도 얻고 캠퍼스 구경에 도움이 되기를 기대해서, 진승에게 아침 일찍 전화하였습니다. 하지만 진승의 대답은 실망을 안겨주었습니다.

“창엽이 어머님, 제가 지금은 시험 기간이고 새벽까지 공부해서 오늘은 힘이 듭니다. 나중에 창엽이에게 잘해줄게요. 걱정하지 마세요.”

아내는 포기하고 전화를 끊었습니다. 우리는 직접 캠퍼스 구경을 하기로 하고, 오후 5시 무렵에 창엽이의 기숙사에 가보려고 길을 나섰습니다. 아내 얼굴에 수심이 가득했습니다.

“여보, 왜 그래요? 뭐 고민 있어요?”

“아뇨. 그냥 아쉬워서요. 우리 엽이를 위해 누굴 만나면 좋은데, 도움도 받고.”

“그래요. 기도하세요. 하나님이 보내주실 거예요.”

기도하며 기숙사를 향해 걸어갔습니다. 우리 주위로 많은 학생들이 스쳐 지나갔습니다. 그런데 3층 기숙사에서 내려오는 누군가의 모습이 보였습니다.

‘주님, 제가 저 아이에게 물어보겠습니다.’

이렇게 생각하고 3층 기숙사를 돌아 내려오는 순간 창엽이가 소리쳤습니다.

“예, 너, 진승이 아니가?”

“오오, 창엽아, 아, 여기서 다 만나네….”

“반갑다 친구야.”

순식간에 기숙사 앞은 이산가족 상봉장이 되었습니다. 제가 궁금해서 물어보았습니다.

“진승아, 이곳에 네 기숙사가 있니?”

“아닙니다. 저는 다른 기숙사에 있습니다. 친구하고 시험공부 같이 하려고 이곳에 와 있었지요.”

“그런데 이 시간에 왜 내려왔니?”

“화장실에 가려고요.”

“그랬구나.”

진승이는 그날 꼼짝없이(?) 우리 가족에게 대학교 안내를 해주어야 했습니다. 저는 ‘하나님께서는 진승이가 자발적으로 나오지 않으니 방광에 소변을 채워서도 내려보내신 거로구나’ 하고 생각했습니다. 우리 가족은 그날 ‘역시 하나님은 살아계셔서 우리의 기도를 응답하시는 분이시다’라는 사실을 또 한번 깨닫게 되었습니다.

4부

전도

실패를 넘어

성공하는 삶

16.   복음 전하는 도구 되기를 즐거워해요

저는 일 년에 한두 차례 해외 집회를 인도합니다. 예전에는 한 해 동안 5회에서 7회나 해외 집회 인도차 출타했습니다. 참 기쁜 일입니다. 하지만 이민교회에서 집회를 인도하다 보면 가슴이 아플 때가 많습니다. 이민자들은 대부분 자신이 이민 오던 시대의 사고방식에 머물러 있습니다. 1970년대에 이민 온 분은 70년대 사고방식, 1980년대에 이민 온 분은 80년대 사고방식을 가지고 살아갑니다. 예전에는 미국이 살기 좋은 나라라고 이민 왔지만, 오늘날 한국과 미국 사회를 비교해보니 한국이 더 잘 살고 있는 것 같을 때 '열 받는' 이민자들이 많다는 이야기를 들었습니다.

사실 이민교회에서 선교의 재원이 더 많이 나와야 합니다. 영어를 비롯한 언어가 자연스럽기 때문입니다. 그러나 생활이 바쁘고 힘들다 보니 자녀교육이 제대로 되지 않고 방목(?)하다시피 지내는지라, 교회 규모에 비해 다음세대 양육은 물론 경제적 재원도 너무 약하다는 이야기를 듣습니다. 또한 분열과 상처가 많은 이민교회도 있다고 합니다. 생활이 바빠 교회에 잘 모이지도 않는다는, 부흥하기 어려운 이유도 많습니다.

그러나 맥알렌교회의 집회는 눈물과 사랑의 집회가 되었습니다. 맥알렌교회와 그 부근의 라레도교회는 유달리 다른 이민교회보다 아이들과 청년들이 많았습니다. 3일의 집회 기간 동안 저는 그 교회의 아이들과 청년들의 이름을 전부 외웠습니다. 아이들과 청년들을 축복하며 눈물로 사랑을 나누었습니다.

집회 이후, 그 교회에 기도가 살아나고 예배가 살아나고 말씀이 살아났다는 놀라운 소식을 전해 들었습니다. 주중에도 성도들이 나와서 기도하고 예배하고, 지역교회에도 많이 알려져 배가 부흥했다고 합니다.

오랜 시간 비행기를 타고 고생하면서 찾아간 곳에서 집회를 마치고 돌아와, 집회 이후 부흥되었다는 소식을 듣는 것이 얼마나 큰 기쁨이고 감사인지 모릅니다. 모든 일을 행하신 주님께 더욱 감사드리며, 저를 도구 삼아 주신 것에 감격하게 됩니다.

조나단 에드워드 생가에서 느낀 것

하트포트교회에서 3일간 집회를 인도했을 때 일입니다. 담임목사님께서 그 동네에 조나단 에드워드의 생가가 있으니 휴식 시간에 함께 가자고 했습니다. 제가 책을 통해 은혜를 받은 조나단 에드워드의 생가를 방문할 수 있다니 기대가 되고 감격스러웠습니다.

조나단 에드워드는 하버드 대학교 초대 총장을 지냈고 자녀들을 믿음으로 양육한 존경받는 사람입니다. 하나님을 잘 섬겼던 그 분의 5대손 896명 중에 성직자가 100명, 대학 총장이 12명, 대학교수가 65명, 판사와 변호사가 130명, 의사가 60명, 저술가가 85명, 군인이 75명, 공무원이 80명, 국회의원이 4명, 심지어 부대통령이 1명이나 나왔다고 합니다.

그러나 그와 동시대를 살았고 하나님을 믿지 않았던 마커스 슐츠의 가문은 달랐다고 합니다. 조나단 에드워드는 성경을 가까이 하고 독서에 힘쓰는 전통을 후손에게 물려주었지만, 마커스 슐츠는 부자이긴 했지만 성경에 무관심하고 독서에 힘쓰지 않는 전통(?)을 물려주었다고 하지요. 그의 1062명의 후손을 보면 전과자가 96명, 알콜중독자가 58명, 매춘부가 65명, 빈민이 286명, 제도교육을 제대로 받지 못한 사람이 460명으로, 거의 대부분 불행하게 살았다고 합니다. 이런 글을 읽은 적이 있었던 터라 조나단 웨드워드의 생가 방문이 기대가 되었습니다. 생가는 지금은 누군가 살고 있는 집으로 바뀌었고 '여기가 조나단 에드워드의 생가였다'라는 안내판만 있었습니다. 영적 거장의 생가라고 하기에는 초라하기 그지없었습니다.

그의 아버지 시몬스 에드워드 목사님이 사역하신 교회도 가서 기도하고 둘러보았습니다. 마침 교회는 그날 바자회를 열고 있었습니다. 많은 분들이 자유롭게 대화하고 교제를 나누고 있었는데, 모두 에드워드 가문의 후손이거나 먼 친척이 아닌가 생각되었습니다. 그

지역의 모습만큼이나 모두 평화롭게 보였습니다. 청교도 후예들과 더불어 묻혀 있는 시몬스 에드워드의 묘지에도 가보았습니다. 모든 것이 초라해 보였습니다.

그날 저는 유명한 작가 마크 트웨인이 살았던 집도 방문했습니다. 작가로서의 명성과 호화로운 생활을 한 흔적이 기념관 여기저기에 가득했습니다. 그가 담배를 피우며 찍은 사진과 화려한 파티 장면 사진과 부유한 집안의 장식과 집기들이 가득했습니다.

마크 트웨인의 집은 그 당시 가장 유명한 건축가가 지었다고 합니다. 매우 화려하고 넓고 비싸 보이는 집이었습니다. 그러나 그의 후손들에 대해선 잘 알려져 있지 않습니다.

저는 조나단 에드워드와 마크 트웨인의 집을 보고 돌아오는 길에 이런 생각을 했습니다. 자녀의 가슴에 하나님을 심는 부모가 되기를, 그리하여 다음 세대에 기라성 같은 후손들이 계속 태어나 주님의 영광을 위해 살아가기를 기도하며 기대한 것입니다.

내가 그들에게 한 마음과 한 길을 주어 자기들과 자기 후손의 복을 위하여 항상 나를 경외하게 하고 _렘 32:39

국내외 어디에서나 복음을 전하는 일은 즐겁고 신납니다. 제가 해보니 전도는 신나는 일입니다. 재미있습니다. 영혼 구원의 기쁨이 넘칩니다. 지상 최고의 사명이며 가장 귀한 일일 뿐 아니라, 전도하면 행복합니다. 그러므로 전도는 안 하면 이상한 겁니다.

부모형제, 배우자, 자녀, 친인척, 외가, 학교동창, 친구, 직장 동료, 상사, 후배, 사회 친구, 거래처, 단골가게, 동호회, 학부모 모임, 이웃 사촌 등등, 만나는 모든 사람이 전도대상자입니다. 해외에서 복음을 전하는 선교사들도 있는데, 우리는 사는 곳에서 전도대상자를 찾지 못할 이유가 없습니다.

사도 바울이 전도를 강조한 말씀(행 20:24)이나 제자 디모데에게 당부한 일(딤후 4:1,2,5; 고전 9:16)은 결코 그들의 자랑이 아닙니다. 마땅히 해야 할 일이기 때문입니다. 사명감이 있으면 기쁘고 행복하게 감당합니다. 가장 위대한 사명은 전도입니다.

큰 무덤을 남기는 것이 결코 인생의 성공이 아닙니다. 우리 주님은 무덤도 없습니다. 진정한 성공은 영혼을 구원하는 전도입니다. 그래서 주님의 아름다운 자녀는 복음을 들고 산이라도 넘습니다(사 52:7). 신나고 재미있게 전도합시다.

지상이든 지하든 주님 계신 곳이면

주님이 함께 계신 것을 믿는다면 성도는 환경을 초월해 사는 데 늘 익숙해집니다. 그곳이 지상이든 지하이든 관계가 없습니다. 주님이 계신 곳이 천국이기 때문입니다. 더구나 믿음으로 주 예수님을 전하는 사역에 동역하는 지체들과 함께 하는 곳이라면 더욱 그렇습니다.

저에게 이런 동역자들을 허락해주신 주님께 감사하고 동역자들에게도 감사합니다.

믿음의 동역자들과 함께 터키 성지순례를 한 적이 있습니다. 기독교 유적지와 독특한 자연환경을 둘러볼 때 감동이 있었지만, 갑바도기아(Cappadocia)의 지하 동굴교회에서 받은 감동이 가장 컸습니다. 기독교 박해를 피해 300년간 이런 지하에서 신앙을 지키며 살았다니, 감동도 그런 감동이 더 없었습니다. 같이 간 동역자들이 모두 숙연해지며 우리도 이렇게 신앙생활을 하자고 다짐했습니다.

우리 일행은 허리를 굽힌 채 띠를 만들 듯 줄지어 지하로 들어갔습니다. 동굴 속에는 예배 장소, 숙소, 화장실, 식당, 지하 무덤 등이 있었습니다. 이렇게 빛과 공기가 희박한 곳에서 살아갈 수 있었다니, 그들의 믿음의 열정은 참으로 대단했습니다.

신앙을 지키고 참 예배를 드리기 위해 지하로 피신하기까지 했던 신앙 선배들로 인해 지금의 우리가 있습니다. 저는 그곳에서 어떤 환경과 어려움 속에서도 그들처럼 믿음을 지킬 것을 다짐하게 되었습니다. 이 시대에 우리가 전도하지 않으면 안 된다는 생각을 품고서, 세상이 감당하지 못하는 믿음으로 영혼 구원에 매진하리라 다짐하기도 하였습니다.

³⁵여자들은 자기의 죽은 자들을 부활로 받아들이기도 하며 또 어떤 이들은 더 좋은 부활을 얻고자 하여 심한 고문을 받되 구차히 풀려나기를 원하지 아니하였으

며 ³⁶또 어떤 이들은 조롱과 채찍질뿐 아니라 결박과 옥에 갇히는 시련도 받았으며 ³⁷돌로 치는 것과 톱으로 켜는 것과 시험과 칼로 죽임을 당하고 양과 염소의 가죽을 입고 유리하여 궁핍과 환난과 학대를 받았으니 ³⁸(이런 사람은 세상이 감당하지 못하느니라) 그들이 광야와 산과 동굴과 토굴에 유리하였느니라 ³⁹이 사람들은 다 믿음으로 말미암아 증거를 받았으나 약속된 것을 받지 못하였으니 ⁴⁰이는 하나님이 우리를 위하여 더 좋은 것을 예비하셨은즉 우리가 아니면 그들로 온전함을 이루지 못하게 하려 하심이라 _히 11:35-40

에베소 지역에서 두란노서원이 있던 곳이라고 추정되는 곳도 가 보았습니다. 아직 복원되지 않은 상태였지만, 두란노서원으로 사용된 장소였다고 하는 셀수스 도서관은 주후 135년에 로마 집정관인 아킬라가 아버지 셀수스를 기념하려고 지은 곳이라고 합니다.

그 도서관에는 무려 1만 2천 권의 장서가 보관돼 있었다고 전해지는데, 묘하게도 그 앞으로 사창가가 지하로 연결돼 있어 도서관으로 공부하러 가는 척하면서 몰래 그곳에 출입하던 학자나 일반인이 있었다고 합니다. 지금 우리 모습도 그와 비슷하다는 생각이 들었습니다. 겉으론 바른 일을 하는 척하지만 몰래 다른 곳으로 빠지는 경우입니다.

당시에도 공중화장실이 있었다는 설명을 듣고 흥미로웠습니다. 공중화장실은 상위 계층 사람들만 사용한 것으로 추정되는데, 겨울에는 하인들이 변기를 데워놓았다고 합니다. 주님 안에서는 모두 평등한데, 복음이 전해지기 전에는 문명이 발달했어도 차별이 있었음을 알게 해주었습니다.

사도 바울이 복음을 전했다는 원형극장에도 가보았습니다. 그곳까지 올라가는 길이 험해 무더운 날에 금세 지치고 피곤을 느끼게 만들었습니다. 바울이 그 옛날에 그 멀고 거친 길을 걸어 다니며 복음을 전하는 사역을 감당했다고 생각하니, 바울의 전도 열정에 그저 고개가 숙여졌습니다.

저는 원형극장에서 큰소리로 이 말씀을 외쳤습니다.

주 예수를 믿으라 그리하면 너와 네 집이 구원을 받으리라 _행 16:31

제가 외친 말씀이 메아리가 되어 제게 다시 들려왔습니다. 복음을 더 잘 전해야겠다고 다짐해보았습니다.

바울이 복음을 전했던 터키 지역은 현재 이슬람이 지배하고 있습니다. 저녁과 새벽에는 마치 곡을 하는 것 같은 을씨년스럽고 이상한 소리가 들립니다.

"으 으 으 으 이히 으 으…."

이슬람의 알라에게 올리는 자기들만의 송가인가 봅니다. 저는 그 소리를 들으며, 이 땅에 흑암의 권세가 걷히길 기도했습니다. 가까운 장래에 이 땅에서 복음이 전파되며, 이 땅의 백성들도 주 예수를 바라며 함께 전도하며 찬양하고 경배하게 되기를 기도했습니다.

17. 결코 포기할 수 없는 이유가 있습니다

제가 1989년에 처음으로 의료선교를 하러 갔을 때입니다. 의대 졸업생 중에서도 처음으로 필리핀에 의료선교를 간 것인데, 그때 주님께서 저에게 하나님 아버지의 마음을 주셨습니다. 필리핀 현지 원주민들이 모두 사랑스럽고 착하게 느껴진 것입니다. 이렇게 선한 사람들이 가난과 병으로 신음하는 모습이 너무 안타까웠습니다. 서로 사랑을 나눈 2주간의 사역은 천국을 옮겨 놓은 듯했고, 모든 것이 은혜였습니다.

저는 그때 분명히 두 종류의 인생을 보았습니다. 한 부류는 현실은 가난하고 부족해도 예수님을 믿고 천국같이 사는 인생입니다. 다른 부류는 가난한 사람을 불쌍한 인생이라고 말하는 사람입니다. 그들은 상대적으로 부유해 보일지 모르지만 예수님을 믿지 않았고, 그들이야말로 지금 눈에 보이는 것이 모든 것인 양 착각하며 오히려 소망 없이 사는 불행한 인생이었습니다. 천국과 세상을 사는 사람들의 대조를 본 것입니다. 우리는 그런 불신자에 대해 불쌍한 마음, 안타까운 마음, 곧 하나님의 마음을 가져야 합니다.

제가 오랫동안 의료선교를 다니다 보니 이 세상에서 가장 값진 인생은 영혼을 구원하며 선교하고 전도하는 인생이라는 사실을 깨닫게 됩니다. 그 분들이 참 고맙습니다. 그래서 선교의 일을 하다가 병을 얻게 된 분들을 잘 보살펴 드려야 한다고 생각하게 되었습니다.

저는 병에 걸린 선교사님과 연결되면 성심껏 섬겨드립니다. 우리가 해야 할 일을 저 멀리 이국땅에서 몸소 섬겨오셨기 때문입니다. 선교사님과 목회자의 가정을 섬기다 보면 그들이 저를 위해서도 기도해주시고 서로 감사하게 됩니다.

예수님의 지상명령, 주님의 복된 유언

십자가의 사랑을 알면 전하지 않을 수 없습니다. 반드시, 기필코, 생명 다해 전하게 됩니다. 나를 구원하신 예수 복음을 가슴속에 간직하게 되면, 명령이 아니라 하더라도 전하지 않고는 견딜 수 없게 됩니다. 주님의 사랑과 은혜를 안다면 그 감격을 전하지 않고 어떻게 삽니까?

복음 전도는 주님의 지상명령이기도 합니다. 해도 되고 안 해도 되는 선택사항이 아니라 인간이 반드시 감당할, 하나님이 내리신 절체절명의 준엄한 명령인 것입니다. 그래도 우리가 전도하지 않는 것은 어쩌면 복음에 대한 감격이 없기 때문일 것입니다.

우리를 구원하신 구주 예수님을 전하면서 살면 매우 기쁜 인생이 됩니다. 최고이며 최선이요 최우선의 삶이 바로 영혼 구원, 전도의 삶이기 때문입니다. 우리 인생이 가장 가치롭게 되고 최상의 행복을 누리는 길입니다. 그러므로 지상에서 영혼 구원보다 더한 기쁨은 없습니다. 전도는 우리가 최우선으로 해야 할 일입니다.

"다 표현 못해도 나 표현하리라"라는 찬송이 있습니다. 내가 느끼고 아는 것을 작은 몸짓으로라도, 부족한 말로라도 표현하겠다는 것입니다. "전도는 내 능력 밖의 일이야, 이렇게까지 하지 않아도 돼"하는 식으로 치부하고 살면 안 되는 일이 바로 전도입니다. 할 수 있는 대로 표현해야 합니다.

물론 전도하지 않아도 살 수는 있습니다. 전도하지 않는다고 하나님이 벌을 주시는 것도 아닙니다. 그러나 참 그리스도인이라면 전도할 것입니다. 저 멀리 다른 나라, 열방에 가서 복음을 전하는 선교사로 살지는 못하더라도, 일상에서 예수 복음을 전하는 건 누구나 할 수 있습니다. 그렇게 사는 것이 진정한 성도의 모습이며 하나님의 자녀라는 증거입니다. 아무리 못난 자식이라도 부모의 유언은 꼭 지키려고 힘쓰지 않겠습니까? 마찬가지로 복음을 전하라는 하나님 아버지의 말씀은 하나님의 자녀라면 기필코 순종해야 합니다.

[18]예수께서 나아와 말씀하여 이르시되 하늘과 땅의 모든 권세를 내게 주셨으니 [19] 그러므로 너희는 가서 모든 민족을 제자로 삼아 아버지와 아들과 성령의 이름으로 세례를 베풀고 [20]내가 너희에게 분부한 모든 것을 가르쳐 지키게 하라 볼지어

다 내가 세상 끝날까지 너희와 항상 함께 있으리라 하시니라 _마 28:18-20

또 이르시되 너희는 온 천하에 다니며 만민에게 복음을 전파하라 _막 16:15

사랑하는 가족을 위해 포기하지 않으면

1%의 가능성이 있다고 해도 기적은 일어납니다. 주님은 1%를 사용해서 100%로 일하십니다. 그래서 전도는 포기하면 안 됩니다.

어느 시골에 부인이 교회에 다니는 걸 매우 못마땅하게 여기며 핍박하는 남편이 있었습니다. 하루는 새벽에 남편이 화장실에 가려고 일어났다가 새로 산 신발 한 짝이 없어진 것을 알았습니다. 평상시 아내가 교회에 열심히 다니는 이유가 목사를 좋아하기 때문이라고 오해하던 남편은 아내가 자기 신발을 목사에게 주려 한다며 화를 냈습니다.

며칠 뒤 새벽, 신발이 또 없어지자 남편은 몽둥이를 들고 예배당으로 달려갔습니다. 새벽예배가 끝난 예배당 안에는 그의 아내만 홀로 무릎 꿇고 있었습니다. 아내는 남편의 신발 한 짝을 품에 안고 눈물 흘리며 기도하는 중이었습니다.

"하나님, 제가 비록 남편은 데려오지 못했지만 그의 신발을 가지고 왔습니다. 이 신발 주인이 하나님 앞에 나오게 하여 주시옵소서. 제가 이 사람을 너무나 사랑하는데, 남편을 지옥에 가게 내버려 둔 채

혼자 천국에 갈 수 없습니다."

냄새 나는 신발을 가슴에 끌어안고 눈물로 기도하는 아내를 보던 남편은 순식간에 마음이 녹아내렸습니다. 남편은 결국 예수님을 믿어 훗날 그 교회의 장로가 되었습니다.

어느 권사님은 시집온 날부터 교회 간다고 남편에게 맞았습니다. 머리채를 잡히고 발로 차이는 수모를 당한 지 무려 49년 4개월 7일 만에 남편을 하나님 앞에 데리고 나와 세례받게 했습니다.

이런 사례를 생각해보면 전도는 결코 헛된 일이 아닙니다. 낭비도 투자도 아닌 거룩한 사랑 자체입니다. 사랑하는 이들의 영혼을 위하여 간구하십시오. 그런 기도는 결코 땅에 떨어지지 않습니다. 주님께서 응답해주십니다. 특별히 가족 전도를 위한 기도는 저의 경험으로 봐도 반드시 응답됩니다.

하나님은 결코 헛된 일을 시키지 않으십니다. 특히 전도는 주님의 일이기에 실패가 없습니다. 성공만 있습니다. 열매를 거둘 때가 언제인지 내 눈으로 확인되지 않는다고 실패라고 생각하면 안 됩니다. 잠깐의 작은 실수라도 하나님께서는 선하게 사용하십니다. 그러니 포기하지 맙시다. "주님, 내가 여기 있사오나 저 애를 보내소서" 하지도 맙시다. 전도는 내가 감당해야 합니다.

그런데, 전도는 우리가 하더라도 사실은 주님께서 하시는 일입니다. 전도의 열매를 너무 의식하지 말고 주님께 모두 맡기고, 우리는 그냥 열심히 전도만 해봅시다. 주님과 동역한다면 복음을 전하기만

하면 됩니다. 기도하며 순종하고 믿고 나아가면 주님의 이름으로 귀한 열매를 반드시 거둘 것입니다. 성령께서 인도해주실 것입니다.

주님이 포기하지 않으시는 일이니

2018년 6월 러시아 월드컵에서 한국 축구 대표팀이 세계 최강이라는 FIFA 1위 독일 축구 대표팀을 2대 0으로 이겼습니다. 전 세계 사람들은 그 일이 월드컵 역사상 가장 놀라운 기적이라고 말했습니다. 세계 랭킹 1위인 독일이 59위인 한국에 졌기 때문입니다. 게다가 독일은 2014년 월드컵에서 우승한 나라입니다. 그야말로 1%의 가능성이 이기게 한 것입니다. 그러니 독일도 세계도 충격을 받았습니다.

한국이 그 경기에서 어떻게 이길 수 있었을까요? 제가 생각하기에, 온 세계가 독일의 승리를 장담했지만 한국팀은 마지막 순간까지 죽기를 각오하고, 충실하게, 신실하게 포기하지 않고 끝까지 최선을 다해 싸웠기 때문입니다.

이 경기에서 저는 한 가지 교훈을 배웠습니다. 모든 것이 불가능해 보여도 결코 포기하지 말아야 한다는 것입니다. 전도도 마찬가지입니다. 하나님이 하시는 일이고, 하나님이 하시기에 우리에게는 포기할 이유가 없습니다.

이스라엘이 아주 혼란스러울 때 하나님께서는 선지자 오뎃에게 이렇게 말씀하셨습니다.

예수님도 이렇게 말씀하셨습니다.

믿는 자는 자신에게 힘을 주시는 주님 안에서 모든 것을 할 수 있습니다(빌 4:13). 주님을 위해, 주님 안에서 선한 전도의 일을 하되, 절대 포기하지 마십시오. 전도가 불가능할 것처럼 보이는 사람일지라도 주님에게는 불가능이 없으십니다. 주님께서는 그 사람의 영혼 구원을 결단코 포기하지 않으십니다.

이 말씀을 전도에 적용하면 "우리가 전도를 행하되 낙심하지 말지니 포기하지 아니하면 때가 이르매 거두리라"가 됩니다. 그러므로 전도는 결코 포기하지 않는 것입니다. 반드시 열매 맺게 됩니다.

18. 자존심 다 내려놓고 관계를 맺어보세요

저는 초등학생일 때 인사를 참 잘 하는 어린이였습니다. 그 습관이 아직도 남아서 그런지 만나는 이웃 모두에게 인사를 잘 합니다. 인사하면 마음이 편안해지고, 즐겁고 기쁘고 사는 맛이 납니다. 인사를 나누면 누구나 이웃 같고 형제 같습니다. 그래서 할아버지, 할머니, 아저씨, 노인, 아이 할 것 없이 제가 먼저 보는 대로 인사합니다. 친하게 지내려 노력하는 것입니다.

인사는 때에 맞는 몸짓언어인데, 저는 인사가 전도의 기본이라고 생각합니다. 그래서 어쩌면 인사는 곧 전도입니다. 마음의 소망은 얼굴에 미소로 나타나고, 전도의 열망은 인사로 나타납니다.

먼저 하는 인사가 전도의 시작이다

외국에서는 아침에 엘리베이터나 거리에서 만나는 사람마다 "굿모닝, 하이!" 하며 밝게 인사합니다. 하지만 우리나라의 인사 문화는 세련되지 못했습니다. 엘리베이터 안에서는 더욱 그렇습니다. 우리는

엘리베이터 안에서 이웃과 같이 타도 각자 엘리베이터 벽의 거울이
나 층수가 표시되는 형광판만 바라보고 있습니다. 요즘엔 타자마자
스마트폰을 들여다보며 아예 소통하려 들지도 않습니다. 저는 엘리
베이터에 타자마자 이 침묵부터 먼저 깹니다. 출퇴근길에 엘리베이
트에서 만나는 모든 사람은 제 동무가 됩니다.

"오, 안녕하세요? 반갑습니다."

"많이 지쳐 보이시네요. 오늘도 행복하셨지요?"

"수고 많으셨습니다. 늘 멋지세요."

전도하기로 작정한 이웃에게는 간단한 인사로 안면을 익힙니다.
그러다가 친해졌다고 생각되는 날이면 확실하게 예수님을 전합니
다. 그런 날일수록 먼저 인사부터 하고 전도를 시작합니다.

"안녕하세요? 그런데 교회 다니시나요?"

어느 교회 다닌다고 하면 "아 예, 그 교회 좋지요?" 하고 인정해드
립니다. 만약 예수님을 믿지 않고 교회 안 다닌다고 하면 바로 전도
에 들어갑니다.

"예수님 믿으면 너~무, 넘~무(악센트가 중요합니다) 좋습니다!"

"예수님은 길이요 진리요 생명입니다. 예수님 믿고 구원받으세요."

"예수님은 형제님을(자매님을) 무~~척~~(이때는 느리게 악센트를
주면서) 사~~랑~~하십니다."

"저기 우리 아파트 앞에 OO교회, 좋은 교회입니다. 목사님도 참
훌륭하세요. 가셔서 예배드리세요. 다음에 또 인사해요."

만나는 모든 주민에게 '미인대칭'(미소, 인사, 대화, 칭찬)으로 인사합니다. 이렇게 인사하며 전도하는 데는 보통 30초면 충분합니다. 같이 엘리베이터를 타는 시간에 불과합니다.

엘리베이터에서 만나는 학생에게는 "공부한다고 힘들지? (안타까운 표정으로) 아휴, 어째? 이렇게 힘들어서. 예수님 잘 믿고 힘내!"

손을 불끈 쥐고 파이팅 자세를 취합니다.

멋지게 옷을 차려입은 청소년을 보면 칭찬부터 해줍니다.

"야, 너 멋지다 야. (그런 다음 부드럽고도 거침없이) 너 예수님 믿지?"

"아뇨!"

"너 예수님 믿으면 더 멋지겠어. (얼굴에 미소를 지으며) 기도할게."

저녁 늦게 만나는 학생에겐 이렇게 말합니다.

"너 학원 다녀오는구나?"

"예."

"이 가방 봐라. 무겁지? 아저씨가 잠시지만 들어줄게."

"괜찮아요."

"야, 안 가지고 가! 아저씨 한번 믿어봐."

그러면 저를 믿고 가방을 건네는 학생도 종종 있습니다.

"감사합니다. 고맙습니다."

"아니야. 예수님 잘 믿어! 교회 잘 다니고. (주먹을 쥐고) 파이팅!"

엘리베이터 안에서 이렇게 먼저 인사하면 누구나 친구가 됩니다. 무작정 말로 전도하려고 들이대지 말고 평소에 다정하게 인사부터 건네보세요. 인사만 잘해도 전도가 됩니다.

자존심 접는 사람이 현명한 사람

내가 먼저 생활 속에서 전천후로 인사하는 전도자가 됩시다. 우리가 먼저 인사하고 부드러운 마음과 용기를 주면 이웃과 세상은 더 부드러워질 것입니다. 전도의 기회가 열리는 기적이 일어날 것입니다.

사실 이웃 주민이라 해도 모르는 사람에게 먼저 인사하기란 쉬운 일은 아닙니다. 어떤 이웃은 안면이 있어도 인사를 받지 않고 무시하기도 합니다. 그런 분들에게 꼬박꼬박 먼저 인사한다는 게 때론 자존심이 상합니다. 하지만 복음 전도를 위해서는 내 자존심부터 버려야 합니다. 예수님 안에서 살려면 내 자아가 죽어야 합니다. 내가 먼저 망가져야 합니다. 저는 하나님께 영광이 되는 일이라면 백번도 망가질 수 있고 자존심 다 구길 수 있습니다.

자존심 지키고 고상한 척 목숨 걸지 않는 사람이 오히려 어리석고 불쌍한 사람입니다. 영원한 면류관의 주인공이 되기 위해 자존심을 접는 사람이 현명한 사람입니다. 자존심을 다 내려놓고 먼저 "반갑습니다" 하고 인사해보십시오. 인사가 늦으면 '지는' 겁니다.

지금 제가 사는 아파트 사람들은 서로 인사를 잘 합니다. 엘리베이터 안의 분위기가 좋습니다. 제가 7년 정도 살면서 먼저 인사한 결과라고 자부합니다. 나 한 사람이 달라지면 나비효과처럼 가정이 변하고, 아파트가 변하고 동네가 변하는 것을 체험했습니다. 서울이 변하고 한국이 변하고 세계가 변화될 수도 있습니다.

인사 잘 하는 한 사람을 찾습니다

많은 사람이 전도하지 않는다고 걱정하지 말고 각자 걱정부터 합시다. 먼저 나 한 사람이 변하면 되는 것입니다. 내가 먼저 변하면 다 변화될 것입니다. 어떤 사람으로 변하면 될까요? 먼저 인사하는 사람이 되는 것입니다. 간단하지요?

18세기에 영국이 정치 경제 도덕이 땅에 떨어지고 피폐하여 위기 가운데 있었을 때 존 웨슬리가 하나님께 은혜를 받고 생명 걸고 복음을 증거하니 영국이 변화되고 신사의 나라가 되었습니다.

하나님께 목숨 건 한 사람이 엄청난 역사를 이루게 해주십니다. 하나님은 오늘도 이런 한 사람을 찾으십니다. 말씀대로 사는 한 사람, 소명 받고 헌신하는 한 사람을 찾으십니다.

너희는 예루살렘 거리로 빨리 다니며 그 넓은 거리에서 찾아보고 알라 너희가 만일 정의를 행하며 진리를 구하는 자를 한 사람이라도 찾으면 내가 이 성읍을 용서하리라 _렘 5:1

하나님께, 복음에 목숨 거는 사람이 된다는 게, 말씀대로 살고 소명을 따라 복음에 헌신하는 사람이 된다는 것이 반드시 특별한 일을 해야 하는 것은 아닙니다. 아직 복음을 듣지 못한 잃어버린 영혼에게 친절히 대하고, 먼저 인사하고, 삶의 작은 일에서부터 그리스도인의 아름다운 모습을 보이며 살면 되는 것입니다.

먼저 인사하는 나 때문에 우리 가정과 교회 공동체가 복을 받을 수 있다면 이보다 더 행복하고 가치 있는 일이 어디 있겠습니까? 그 결과 이 땅은 더 살맛 나는 곳이 될 것입니다. 이 나라는 행복한 나라가 될 것입니다. 우리가 주님 때문에 행복하게 되면 전도의 문도 열리고, 우리나라도 주님으로 인해 더 잘 사는 나라가 될 것입니다.

먼저 인사하는 사람이 되려면 성령 충만해야 합니다. 인사는 전도자의 기본자세일 뿐 아니라 성령 충만해야 가능한 일이기 때문입니다. 성령 충만하면 먼저 사랑하고 겸손하게 자신을 낮춥니다. 얼굴 표정이 밝아집니다. 항상 미소를 짓게 됩니다. 먼저 마음을 엽니다. 그래서 먼저 인사하고 그 결과 전도가 잘 되니 행복합니다.

먼저 인사하면 거룩의 능력도 나타낼 수 있습니다. 거룩의 능력을 다른 곳에서 찾지 마십시오. 당신이 먼저 이웃에게 인사하고 친절하면 됩니다. 인사가 삶의 현장에서 거룩을 회복하는 첫걸음이 될 수 있습니다. 이웃에게 친절하고 인사하며 그리스도인다운 삶을 보이며 살아가려 애쓰는 사람이라면 자연스레 거룩한 삶을 살게 되지 않겠습니까?

관계전도를 하라

이웃에게 친절하게 대하고 인사하는 습관은 좋은 관계를 맺는 기초가 될 뿐 아니라 영혼 구원의 첫걸음이기도 합니다. 불신자에게 복음이 전해지려면 접촉점이 필요하고, 그것은 좋은 관계에서 출발하는 탓입니다. 게다가 한 사람이 예수 그리스도께 나오는 과정에서는 단 한 번의 전도로 끝나는 경우보다 대부분 여러 단계의 관계와 관계의 경험이 쌓인 결과입니다.

한 사람이 예수님 앞에 서기까지 긍정적인 영향을 주었던 사람들이 여럿 있었을 겁니다. 말하자면 내가 전도하기 전에 누군가 먼저 그와 관계를 맺고 전도했을 수 있다는 것입니다. 오늘 나의 전도를 통해, 혹은 내가 전도한 이후에 또 누군가의 전도를 통해 그가 복음을 영접하게 될 때까지, 과거에도 복음을 전도받은 일이 단계처럼 여러 번 있었다는 말입니다.

전도하는 사람에 따라 첫 번째 단계를 담당했거나, 때로는 중간 단계나 마지막 단계를 담당하는 역할일 수 있겠지요. 그래서 내가 전도했는데 받아들이지 않았다고 해서 크게 실망할 필요가 없는 것입니다. 지금 내가 전한 복음 전도에 의해 예수님을 영접하면 좋겠지만, 그렇지 않을지라도 언젠가 또 누군가에 의해 전도받게 될 때 나와의 관계전도도 한 단계가 되어 그가 영접하는 데 나름대로 기여할 것입니다.

이처럼 전도는 긍정적인 관계와 관계를 통해 이뤄집니다. 신자가 불신자와 가지게 되는 좋은 관계가 여러 번 반복될 때 불신자에게 기독교에 대한 좋은 이미지를 심어주는 것은 물론 예수님을 영접하고 구원받는 열매를 맺게 할 것입니다.

이와 같이 전도에는 여러 관계가 복합적으로 영향을 줄 수밖에 없습니다. 우리가 어떤 단계에서 어떤 역할을 감당하든지 기쁘고 행복하게 전도합시다. 사도 바울이 전도의 여러 단계를 묘사하지만(고전 3:6) 전도의 모든 단계에서 성령님께서 역사하십니다(고전 12:3). 우리는 믿음으로 담대하게 복음을 전하면 됩니다. 그러므로 전도하기를 주저하거나 두려워할 필요가 없습니다.

나는 심었고 아볼로는 물을 주었으되 오직 하나님께서 자라나게 하셨나니

_고전 3:6

… 하나님의 영으로 말하는 자는 누구든지 예수를 저주할 자라 하지 아니하고 또

성령으로 아니하고는 누구든지 예수를 주시라 할 수 없느니라 _고전 12:3

관계전도의 대상

관계전도의 대상은 관계의 영역에 따라 다양합니다.

가족으로는 아내, 조부모님, 부모님 숙부님 숙모님, 장인 장모님, 친정 부모님, 외숙부, 사돈, 고모님, 이모님, 누나, 오빠, 언니, 동생, 사

촌 오촌, 팔촌 등이 있습니다.

친구로는 초, 중, 고, 대학 친구, 동창 선후배, 회사 동료, 친목회, 종친, 고향 사람, 계모임 등이 있습니다.

이웃에는 아파트의 같은 동(라인) 같은 층, 앞집 옆집 뒷집, 집 주인 또는 세입자, 세탁소, 과일가게 주인, 경비원, 관리사무소 직원, 이사 오신 분, 복덕방 사장님, 식당 종업원, 미장원 미용사 등이 있습니다.

직장 동료로는 직장 상사, 부하직원, 회장, 사장, 임원, 부장, 기사, 경비원, 거래처 직원 등이 있습니다.

지역주민으로는 학교 선생님, 병원 의사, 은행 직원, 청소부, 경찰관, 동사무소 직원, 우유배달 아주머니, 신문배달원, 경로당 노인, 학부모 회원, 지역 유지 등이 있습니다.

기타, 지하철, 버스, 사거리, 택시, 목욕탕, 사우나, 약수터, 등산로에서 만나는 모든 사람들, 자주 가는 카페의 직원과 심지어 옆자리의 손님까지 말만 걸 수 있다면 모두 전도대상자입니다.

우리는 평소 일상에서 이렇게 많은 사람들과 관계를 맺고 삽니다. 이들 모두에게 사랑의 마음으로 친절하고 부드럽게 다가가십시오.

전도는 어렵지 않습니다. 먼저 얼굴에 미소를 띠고 정중하면서도 담대하게, 재치있고 상냥하게 나아가면 됩니다. 성령께서 도와주신다고 약속하셨으니, 믿음으로 담대하게 전도하십시오.

관계전도의 장점과 방법

이미 알고 지내던 사람에게 전도하는 관계전도에는 장점이 많습니다. 서로 평소에 잘 알고 지내는 사이이므로 자주 만나 진실한 대화를 할 수 있습니다. 서로 과거를 아는 사이입니다. 상대의 장단점을 알고 있기에 그런 점을 고려하여 조심스레 접근할 수 있습니다.

직장에서 전도하려면 특히 관계가 좋아야 합니다. 평소의 행동과 사소한 말 한마디가 영향을 미칩니다. 불신 동료와 좋은 관계를 맺기 위해 적극적으로 도와주고 양보하고 배려하여 인간관계에 감동을 주고 신뢰를 쌓아두어야 합니다. 직장에서는 회사 안의 다른 크리스천과 동역하여 관계적으로 전도할 수도 있습니다.

직장생활에서는 예절을 지키도록 노력하며 자주 일상적인 관심을 표현하고 이름과 생일을 기본적으로 기억해줍니다. 작은 일에도 고맙다고 말하고 상대가 하는 말에 귀 기울이십시오. 의도적으로도 칭찬하고 감사를 표현할 때 좋은 관계가 됩니다. 작지만 친절한 행동으로 좋은 인상을 주려고 힘쓰십시오.

틈틈이 자신이 신앙인이라는 사실을 살짝 티 내기도 해야 합니다. 말이나 행동으로 신앙인임을 알리는 것입니다. 그렇게 하다가 적절한 기회가 되면 복음을 나눌 기회가 생길 것입니다.

사람들에게 칭찬받을 때는 "나 역시 부족하지만 하나님의 말씀대로 살려고 한다"고 말합니다. 일이 잘될 때는 "모두 다 수고했는데, 하나님이 복 주신 것 같다"고 말합니다. 어려움을 겪는 사람에게는 "나도 그런 적이 있는데"라고 공감을 표현하며 도움이 되었던 말씀을 들려주고 "너를 위해서 기도해줄게"라고 말해줍니다. 자녀 양육을 어려워하는 사람에게는 "내 경우도 마찬가지인데 이런 성경 말씀을 통해서 도움을 받았다"고 말해줍니다. 이렇게 자연스러운 대화 속에서 신앙인의 티를 내는 것입니다.

단, 처음부터 특별한 교회의 교인인 것을 드러내지 않도록 주의해야 합니다. 다니는 교회를 자랑하고 싶어도, 교회 자랑보다 예수님 자랑을 먼저 하는 것이 좋습니다. 전도자로서 우리는 십자가의 증인이지 교회의 증인은 아니니까요. 물론 교회 자랑이 틀리거나 나쁘다는 말은 아닙니다. 일반적으로 자기가 다니는 교회에 자부심이 없으면 전도에 열심을 내기가 쉽지 않지요.

관계전도에서 조심할 점은 지나치게 전도를 서두르거나 종교적 열정을 과도하게 드러내는 것입니다. 자칫 처음부터 거부감을 줄 수 있습니다. 전도의 열매를 빨리 거두면 좋겠지만 빠른 것이 늘 좋기만 한 것은 아닙니다. 관계전도는 시간이 걸리지만 때가 되면 예수님을 영접할 것이고 더 확실하고 좋은 결과를 얻을 것입니다. 우리가 복음을 전할 수 있게 되는 모든 과정은 하나님이 하시는 일입니다.

19. 자신만의 전도 스타일을 개발하세요

사람에게는 각자 성격과 기질이 다릅니다. 신약 시대에는 같은 사도 요 복음을 전하는 제자들이었지만 서로 성격이 맞지 않는 경우도 있었습니다. 사도 바울은 마가 요한과 사역하는 스타일이 달랐습니다. 그래서 바나바는 요한과 함께, 바울은 실라와 함께 팀을 나누어 사역한 것입니다. 그런데 바울이 말년에는 마가 요한도 오게 합니다. 나이가 들어 원숙해지니 포용하게 된 것 같습니다. 어쨌든 삶과 사역에 각자의 스타일이 있듯이, 전도하는 방법에도 각자에게 어울리는 스타일이 있습니다.

예수님을 전하는 내용인 복음 자체는 달라질 수 없습니다. 하지만 전도의 방법은 일률적이지 않습니다. 전하는 사람의 전도 스타일과 상황에 따라, 특히 전도대상자에 따라, 그의 여건과 전도하는 때의 환경에 따라 다를 수 있습니다. 사영리와 전도폭발 등 전통적으로 검증된 전도법은 가능하면 모두 배울 필요가 있습니다. 하지만 그 중에서 어떤 것이 가장 효과적이라고 콕 짚어 말할 순 없습니다. 결국 자신에게 맞는, 자신이 하기에 적합한 전도법이 가장 좋습니다. 여러 전도법의 장점을 취하여 스스로 통합적인 스타일을 개발하는 것도 좋은 방법입니다.

저의 전도법은 자칭 '예수 심장 전도법'입니다. 영혼 구원에 대한 열정이 전도하도록 하며, 예수의 심장을 품고 바울의 열정을 가진 사람이 생명을 살릴 수 있기 때문입니다. 복음을 전하려는 뜨거운 심장을 품고 상황과 대상에 따라 어떤 방법으로든 전도하는 것이 저의 통합 스타일인 '예수 심장 전도법'입니다.

전도자의 여섯 유형

교회 안에는 전도에 특별한 은사를 받은 사람들 중에 여섯 가지 유형(스타일)이 있다고 합니다. 빌 하이벨스 외 두 사람이 지은 관계전도 훈련 세미나 교재에서 인용한 것인데, 그들이 분석한 성경 속의 여섯 가지 전도자 스타일에는 각각 나름대로 의미가 있다고 보았습니다. 어떤 것이 좋고 어떤 것은 나쁘다고 말할 수 없습니다. 각 전도 유형에 대해 살펴보고, 당신의 전도 스타일을 염두에 두면서 장단점을 통합적으로 취하면 됩니다.

당신이 전도하기를 두려워하지 않는 스타일이라면 그런 유형의 사람들끼리 같이 전도를 하면 힘이 납니다. 소극적인 성격의 전도자와 연합하여 전도할 경우라면 서로 다른 스타일을 이해하면서 지혜와 장단점을 보완해 전도하면 됩니다.

당신은 어떤 유형의 전도자입니까? 여섯 가지 유형을 하나씩 읽어 보며 점검해보십시오.

첫째, 베드로 같은 정면 도전형(사도행전 2장)

베드로 유형의 주제 성구 : "너는 말씀을 전파하라 때를 얻든지 못 얻든지 항상 힘쓰라 범사에 오래 참음과 가르침으로 경책하며 경계하며 권하라"(딤후 4:2).

특성 : 확신이 강하고 담대합니다. 거침없이 전진합니다. 그러기에 전도가 빠릅니다. 사소한 화제는 과감하게 생략하고 본론으로 들어가 다소 직설적입니다. 자신이 구원받은 간증이 있기에 자기 의견이 강하고 확신이 있습니다. 당당해 보이고 거침없는 행동이 상대에 따라 좋은 인상을 줄 수도 있습니다.

주의할 점 : 당당한 태도가 반대로 거부감을 줄 수 있습니다. 특히 진리를 논쟁하면 사람들과 정면으로 대결할 수 있으니 조심해야 합니다. 전도대상자의 감정을 필요 이상으로 상하게 할 수도 있습니다. 자신의 전도 스타일에 대한 확신이 너무 강하여 다른 스타일로 복음을 전하는 사람들을 판단할 수도 있습니다. 그러면 안 됩니다. 자칫 전도하지 않는 성도를 향해 "왜 이렇게 전도 안 해? 예수 복음이 살아있는 복음인데!" 하며 정죄할 수도 있습니다. 따라서 적절하고 절제된 전략을 사용해야 합니다.

둘째, 바울 같은 지성적 접근형(사도행전 17장)

바울 유형의 주제 성구 : "…모든 이론을 무너뜨리며 하나님 아는 것을 대적하여 높아진 것을 다 무너뜨리고 모든 생각을 사로잡아 그리스도에게 복종하게 하니"(고후 10:4-5).

특성 : 매사에 논리적이고 분석적입니다. 토론을 좋아해서 질문과 논쟁을 좋아합니다. 다른 사람의 감정보다 자신의 사고에 더 많은 관심을 가지고 주장을 관철시키려 합니다.

주의할 점 : 복음의 핵심 메시지는 전하지 않고 때로 엉뚱하게 다른 논리를 장황하게 늘어놓을 수 있습니다. 학문적 주제라는 함정에 빠질 수도 있습니다. 전도하는 내용이 딱딱해질 수도 있습니다. 이 유형의 전도자는 말하는 내용보다 말하는 태도가 더 중요하다는 것을 명심하십시오.

셋째, 소경이었다가 눈을 뜬 사람 같은 간증전도형(요한복음 9장)

눈 뜬 사람 유형의 주제 성구 : "우리가 보고 들은 바를 너희에게도 전함은 너희로 우리와 사귐이 있게 하려 함이니 우리의 사귐은 아버지와 그의 아들 예수 그리스도와 더불어 누림이라"(요일 1:3), "하나님의 아들을 믿는 자는 자기 안에 증거가 있고 …"(요일 5:10).

특성 : 먼저 믿은 사람의 삶에 하나님이 어떻게 다가오셨는지 은혜로운 간증을 통해 감동을 전할 수 있습니다. 이 유형은 이야기하듯 솔직하게 있는 그대로 재미있게 말하는 것이 장점입니다. 열정적인 간증

속에 자신이 예수님을 믿게 되어 얻은 교훈과 복음의 내용을 잘 조화시키면 더 유익합니다.

주의할 점 : 복음 전도자 자신의 이야기만 장황하게 늘어놓다가 복음과 연결시키지 못하고 대화가 끝날 수 있습니다. 의사전달을 분명하게 해야 하며 대상자의 의견을 잘 듣는 훈련도 필요합니다. 그래야 당신의 이야기를 그들의 상황과 연결시킬 수 있게 됩니다.

넷째, 마태처럼 관계로 전하는 관계형(누가복음 5장)

마태 유형의 주제 성구 : "약한 자들에게 내가 약한 자와 같이 된 것은 약한 자들을 얻고자 함이요 내가 여러 사람에게 여러 모습이 된 것은 아무쪼록 몇 사람이라도 구원하고자 함이니"(고전 9:22).

특성 : 사람들 사이의 소통과 그들이 필요로 하는 것에 초점을 맞추다 보니 관계를 중요하게 생각합니다. 따라서 대화하기를 좋아하며, 마음이 예민하고 민감하며 동정심이 많습니다.

주의할 점 : 복음을 말하는 것이 목적이지 친구 관계를 좋게 유지하는 것이 중요한 것이 아님을 명심하십시오. 언제라도 주객이 전도되면 안 됩니다. 지나치게 관계에 치중한 나머지 궁극적 목표인 복음 전도를 잊어버릴 수도 있습니다.

다섯째, 우물가 여인 같은 초대형(요한복음 4장)

우물가 여인 유형의 주제 성구 : "…길과 산울타리 가로 나가서 사람

을 강권하여 데려다가 내 집을 채우라"(눅 14:23)

특성 : 새로운 사람을 만나기 좋아하고 친절하며 사람들과 쉽게 친해집니다. 헌신적이고 설득력이 있습니다. 사람을 만나는 행사를 특별한 기회로 여겨 잘 사용하면 좋습니다.

주의할 점 : 사람들이 당신의 초대를 거절했다고 실망하지 마십시오. 오늘의 '아니오'라는 복음에 대한 거절이 내일의 '예'가 될 수 있으니 때를 기다리기 바랍니다.

여섯째, 도르가처럼 도와주는 봉사형(사도행전 9장)

도르가 유형의 주제 성구 : "이같이 너희 빛이 사람 앞에 비치게 하여 그들로 너희 착한 행실을 보고 하늘에 계신 너희 아버지께 영광을 돌리게 하라"(마 5:16).

특성 : 사람 중심이라 상대를 배려하며, 만남을 좋아하고 기쁘게 여깁니다. 말보다 행동으로 사랑을 보여주며 인내심이 강합니다. 때로는 힘들고 자질구레한 일에도 충분한 가치를 부여하여 헌신합니다.

주의할 점 : '말이 행동을, 행동이 말을 대신할 수 없다'라는 사실을 명심해야 합니다. 바울은 로마서 10장 14절에서 말로 복음을 전하는 일을 강조했습니다. 행동과 말씀이 다 중요하다는 것을 기억하라는 것입니다. 물론 몸으로 수고하며 봉사하는 당신의 전도방법은 훌륭한 것입니다. 당신의 가치를 과소평가하지는 마십시오.

통합형 : 예수 심장 전도형과 '현장 전도 7무 원칙'

제가 사용하는 예수 심장 전도법은 이상의 여섯 종류를 다양하게 사용하는 통합형 내지는 통전형이라고 말할 수 있습니다. 앞에서 열거한 여섯 가지 유형의 방법을 때마다 적절하게 사용합니다. 단점은 보완하고 통합합니다. 합력하여 선을 이루는 것입니다. 이렇게 하면 상황에 따라 좀더 적절하고 완벽하게 대상자에게 접근할 수 있습니다. 당신도 자신의 전도 스타일을 점검하고 계발하여 자신만의 방법을 익히기 바랍니다. 성령께서 지혜를 주시고 도와주실 것입니다.

저는 성령님의 인도하심에 따라 '현장 전도 7무 원칙'에 따라 수십 번 이라도 찾아가고 배려하며, 자주 접촉하고 그들의 말을 들어줍니다. 제가 말하는 7무 원칙이란 '무조건, 무차별, 무시로, 무수히, 무릎으로, 무엇보다, 무안을 당해도'입니다.

1. 무조건 : 만나는 모든 사람에게 조건 없이 복음을 전합니다.

2. 무차별 : 지위 고하, 신분, 남녀노소, 성별에 관계없이 전합니다.

3. 무시로 : 때를 얻든지 못 얻든지 상황을 뛰어넘어 복음을 전합니다.

4. 무수히 : 전도가 될 때까지 10번, 20번, 50번이라도 자주 만납니다.

5. 무릎으로 : 대상자가 주께 돌아오기를 간절히 기도하며 전합니다.

6. 무엇보다 : 삶의 가치를 주 〉 나 〉 일 〉 돈의 순서로 생각합니다.

7. 무안을 당해도 : 부끄러움을 당해도 개의치 않고 전합니다.

이 7무 원칙은 저의 전도법으로 이름 붙인 '예수 심장 전도법'의 구체적 원칙이기도 합니다. 이렇게 전도해서 살아계신 예수님을 전하는 심장을 품기를 늘 기원합니다. 당신도 제가 정리한 '현장 전도 7무 원칙'에 따른 예수 심장 전도법을 활용하여 많은 영혼을 구원하실 수 있기를 바랍니다.

저처럼 자신에게 맞는 전도법을 개발하면 더욱 활기차게 전도할 수 있습니다. 내 몸에 맞는 옷이라야 활동하기 편한 것처럼, 전도도 자기 스타일에 맞아야 편하고 자연스럽기 때문입니다. 일단 어떤 방법으로든 전도해보십시오. 자주 전도하다 보면 자기 스타일이 개발되고 자연스럽게 전도하게 됩니다.

20. 행복한 전도자를 위한 '전도 15계명'

전도자에게는 3D, 즉 D로 시작하는 영어 단어 세 개로 표현되는 자세가 필요합니다. Dreamy(꿈을 가지고), Dynamic(역동적으로), Dramatic(감격적으로) 전도하는 것입니다.

전도자로서 품어야 할 마음가짐은 언제나 기도하고, 기도하고, 또 기도하는 것입니다. 언제 어디서나, 누구와도 대화할 준비를 하는 것입니다. 만나는 사람 누구에게라도 격려하고 칭찬하는 것입니다. 복음을 전할 때는 겸손하고 공손하게, 분명히 제시하는 것입니다. 비판하지 말고, 전도되지 않더라도 낙심하지 않는 것입니다.

7st 전도 원칙

저는 '7st'라는 전도 원칙도 만들어 전도하고 있습니다. Last, Just, Best, First, Most, Host, Mast입니다. 이 단어들 앞에 하나님(God)을 앞세웁니다. '하나님을 우선으로 하는 전도'라는 개념입니다.

첫째, God Last. 눈앞에 죽음을 맞이한 사람처럼 다시는 전도할 기회가 없을 거라는 마음가짐으로 전도합니다. 오늘이 그에게 복음을 전하는 마지막 날이요, 그에게 전도할 유일한 사람이 바로 나라는 생각으로 전도합니다.

둘째, God Just. 만나는 즉시 복음을 전합니다. 전도할 때는 머뭇거림 없이, 담대함과 확신을 가지고 주님의 이름으로 인사부터 잘 합니다.

셋째, God Best. 전도에 최선을 다합니다. 전도는 하나님의 일이요, 저의 작은 예배요, 구원에 대한 빚진 자의 고백이요, 제 생존의 의미입니다. 그러니 어찌 최선을 다하지 않을 수 있겠습니까?

넷째, God First. 하나님을 가장 중요하게 생각합니다. 전도는 제 삶에서 가장 중요한 영순위의 일입니다.

다섯째, God Most. 삶에서 얻은 각종 열매 중에서 최고를 주님께 드립니다. 특히 전도는 제 인생에서 최고의 가치를 지닌 일이라고 생각합니다.

여섯째, God Host. 주님을 제 삶의 주인으로 인정합니다. 그러므로 주님이 원하시는 전도도 당연히 주저 없이 할 수 있습니다.

일곱째, God Mast. 주님이 삶의 푯대가 되심을 겸허히 인정합니다. 주님이 어떤 상황 가운데서도 변치 않는 유일한 푯대라는 확신을 품고서 매 순간 전도합니다.

저는 이와 같은 일곱 가지의 마음 자세로 주님과 함께 전도할 때 가장 신나고 행복합니다. 그래서 그동안 저 스스로도 의사인지 선교사인지 헷갈릴 정도로 미친 듯이 전도하며 살아왔습니다. 복음이 저를 살렸기에, 오늘을 사는 저는 복음으로 또 다른 사람을 살리는 일을 하는 것입니다. 모르는 사람과 대화하는 것도 무척 흥미롭고 즐겁습니다.

살다 보면 다양한 사람, 다양한 환경, 다양한 처지에서 보석 같은 사람들을 만납니다. 제가 일하는 진료현장뿐만 아니라 엘리베이터, 백화점, 주유소, 식당, 길거리, 지하철, 가게, 공원 등 발길 닿는 모든 곳이 전도현장입니다. 언제 어디서나 어떤 상황에 있든지 개의치 않습니다. 전도는 제 삶 자체입니다.

제가 전도하면서 받는 또 다른 축복은 일터의 현장에서 주님을 만날 뿐 아니라 수많은 사람을 만날 수 있고, 세상 사람들의 생각을 이해하는 가운데 주님의 시각으로 세상을 바라볼 수 있게 되는 것입니다. 한마디로 세상을 보는 안목이 넓어집니다. 전도를 통해 제 삶이 풍성해지는 것입니다.

전도자의 자세

우리는 예수님이 보내신 하늘나라 대사입니다. 각자 작은 예수가 되어 복음을 전하는 것입니다. 하늘나라 대사와 작은 예수로서 전도할 때, 다음과 같은 자세를 취하면 좋습니다.

겸손하고 공손하게, 용모단정하고 예의 바르게, 긴박성을 가지고 간절히 전하되 말은 너무 많이 하지 마세요. 적절한 말을 조리 있고 체계적으로 준비하십시오. 특히 지나치게 우기지 않도록 조심하십시오. 주님의 사랑으로 먼저 관계를 형성하고, 담대하고 분명하게, 두려워하지 말고 주눅들지도 위축되지도 말고, 누구를 만나더라도 당당하게(렘 1:8), 그리고 변함없이 자주 찾아가 말을 건네십시오.

논쟁은 피하십시오. 타종교를 비판하지도 비난도 하지 마십시오. 거절당하더라도 낙심하지 마십시오. 합력하여 선을 이룬다는 말씀처럼 기회는 또 있습니다. 다 때가 있기 때문입니다. 영생을 주시기로 한 자는 다 받습니다(행 13:48-49). 평소에 적극적으로 친구 관계를 맺어두십시오. 개인적으로 관계를 맺는 전도를 할 때는 가급적 남자는 남자에게, 여자는 여자에게 전도하십시오.

전도하는 제자의 십계명

제자의 헬라어 '마데테스'는 어느 하나의 일에 집중하는 사람, 어느 한 곳에 자신의 마음을 쏟는 사람을 뜻합니다. 그 어느 한 곳이 무엇일까요? 저는 바로 전도라고 생각합니다. 예수님의 제자는 전도자이기도 합니다. 전도하는 제자가 되기 위해, 전도하는 제자의 십계명을 정리해봅니다.

첫째, 항상 기도하라.

둘째, 성령 하나님을 의지하라.

셋째, 말씀 중심으로 전도하라.

넷째, 예배를 잘 드려라(전도가 예배다).

다섯째, 전도대상자를 찾아라.

여섯째, 전도는 복 받는 사명임을 믿으라.

일곱째, 전도대상자 앞에서 담대하라.

여덟째, 전도의 열매를 맺을 것이라고 믿으라.

아홉째, 전도가 가장 귀한 주님의 일임을 확신하라.

열째, 전도에는 실패가 없음을 확신하라.

전도를 다짐하게 만드는 15개 성경 구절

전도를 독려하는 15개 구호와, 각각의 구호와 관련된 성경 구절을 소개합니다. 저는 이것을 전도의 15계명이라고 부르기도 합니다.

15개의 전도 구호와 더불어 성경 구절들을 암송해보십시오. 삶으로 복음을 전하며 행복한 전도자로 살아가려는 당신에게 힘을 줄 것입니다. 전도의 동역자로서 당신을 축복합니다. 당신의 삶이 전도할 것입니다.

1. 모든 사람에게 전하자

그러므로 너희는 가서 모든 민족을 제자로 삼아 아버지와 아들과 성령의 이름으로 세례를 베풀고 내가 너희에게 분부한 모든 것을 가르쳐 지키게 하라 볼지어다 내가 세상 끝날까지 너희와 항상 함께 있으리라 하시니라 _마 28:19-20

2. 성령을 힘입어 전하자

오직 성령이 너희에게 임하시면 너희가 권능을 받고 예루살렘과 온 유대와 사마리아와 땅 끝까지 이르러 내 증인이 되리라 하시니라 _행 1:8

3. 담대히 전하자

주여 이제도 그들의 위협함을 굽어보시옵고 또 종들로 하여금 담대히 하나님의 말씀을 전하게 하여 주시오며 _행 4:29

4. 어느 곳에서나 전하자

그들이 날마다 성전에 있든지 집에 있든지 예수는 그리스도라고 가르치기와 전
도하기를 그치지 아니하니라 _행 5:42

5. 죽음을 두려워 말고 전하자

사람을 택하여 우리 주 예수 그리스도의 이름을 위하여 생명을 아끼지 아니하는
자인 우리가 사랑하는 바나바와 바울과 함께 너희에게 보내기를 만장일치로 결
정하였노라 _행 15:25-26

6. 할 수 있는 한 최선을 다해 전하자

내가 달려갈 길과 주 예수께 받은 사명 곧 하나님의 은혜의 복음을 증언하는 일
을 마치려 함에는 나의 생명조차 조금도 귀한 것으로 여기지 아니하노라 _행 20:24

7. 부끄러워하지 말고 담대하게 전하자

내가 복음을 부끄러워하지 아니하노니 이 복음은 모든 믿는 자에게 구원을 주시
는 하나님의 능력이 됨이라 먼저는 유대인에게요 그리고 헬라인에게로다 _롬 1:16

8. 기도하며 전하자

형제들아 내가 우리 주 예수 그리스도와 성령의 사랑으로 말미암아 너희를 권하
노니 너희 기도에 나와 힘을 같이하여 나를 위하여 하나님께 빌어 _롬 15:30

9. 상급을 확신하며 전하자

심는 이와 물 주는 이는 한가지이나 각각 자기가 일한 대로 자기의 상을 받으리

라 _고전 3:8

10. 낙심하지 말고 전하자

그러므로 우리가 이 직분을 받아 긍휼하심을 입은 대로 낙심하지 아니하고

_고후 4:1

11. 사랑의 의무로 전하자

그리스도의 사랑이 우리를 강권하시는도다 우리가 생각하건대 한 사람이 모든

사람을 대신하여 죽었은즉 모든 사람이 죽은 것이라 _고후 5:14

12. 그리스도의 사신으로서 전하자

그러므로 우리가 그리스도를 대신하여 사신이 되어 하나님이 우리를 통하여 너

희를 권면하시는 것 같이 그리스도를 대신하여 간청하노니 너희는 하나님과 화

목하라 _고후 5:20

13. 믿음과 착한 양심으로 전하자

아들 디모데야 내가 네게 이 교훈으로써 명하노니 전에 너를 지도한 예언을 따라

그것으로 선한 싸움을 싸우며 믿음과 착한 양심을 가지라 … _딤전 1:18–19

14. 고난을 무릅쓰고 전하자

이로 말미암아 내가 또 이 고난을 받되 부끄러워하지 아니함은 내가 믿는 자를

내가 알고 또한 내가 의탁한 것을 그 날까지 그가 능히 지키실 줄을 확신함이라

_딤후 1:12

15. 항상 힘씀으로 전하자

너는 말씀을 전파하라 때를 얻든지 못 얻든지 항상 힘쓰라 범사에 오래 참음과 가

르침으로 경책하며 경계하며 권하라 _딤후 4:2

끝도 앞도 보이지 않는 암담한 현실이지만, 저는 주님 때문에 힘을 냅니다. 주님 때문에 전도합니다. 전도는 복음이라는 소망을 선포하고 주님께 구하는 기도입니다. 그러기에 전도는 영혼의 호흡입니다. 생명이며 제 삶의 존재의미입니다. 전도함으로써 복음을 전하는 자가 살고, 듣는 전도 대상자는 예수님을 만나서 사는 것입니다.

저는 이 세상에서 주님께서 가장 기뻐하시고 영광스러운 일은 바로 영혼 구원, 전도라고 믿고 살았습니다. 제가 예수 믿어 행복하니까 전도하는 것이기에, 그냥 행복하게 살면서 전도해보자고 한 것입니다.

세상에서는 큰일도 천국에서는 작게 여기는 마음으로, 영혼을 구원하는 일이라면 작은 일도 크게 보자는 마음으로 삶의 모든 순간을 소중히 여기며 전도했습니다. 그러자 제 생활이, 제 삶이 우선 행복해졌습니다. 주님께서 행복을 주시고 은혜와 평강을 주셨습니다.

제가 행복하니까 언제나 미소를 띠고, 겸손하고 공손하게, 친절하게 먼저 다가가 인사하고 말을 걸었습니다. 저도 선천적으로 내성적인 성격 때문에 전도할 때 참 부끄럽고 무안했습니다. 그래도 꾸준히 하다 보니 전도가 생활이 되었습니다.

저는 새벽기도에 가기 전에 자리에서 일어나 주님께 기도하면 눈물이 날 때가 있습니다. 저 같은 사람을 구해주신 주님께 감사해서 그렇습니다. 주님의 은혜와 사랑이 사무치게 좋습니다. '주님, 오늘도 잘 살게요. 바르게 살게요. 영혼 구원하며 살게요.' 이렇게 기도하면 울컥합니다. 주님이 참 좋습니다. 그 좋으신 주님을 매일 전하고 싶습니다.

저는 현장 전도 7무(무조건, 무차별, 무시로, 무수히, 무릎으로, 무엇보다, 무안을 당해도)라는 원칙대로 복음을 전하며 살아왔습니다. 그렇게 전도할 때마다 주님을 만났습니다. 주님을 몰라서 힘든 사람도 만납니다. 다양한 만남으로 하늘 보물을 만나고 하늘 보석을 캡니다.

그러니 제가 다니는 곳이 어디든 바로 전도의 현장이 되었습니다. 언제 어디서나 누구에게나, 때를 얻든지 못 얻든지 상황과 형편에 맞게 자연스럽게 전도하는 삶은 저의 생활을 복되게 했습니다. 그리하여 삶이 전도가 되었습니다. 이제는 삶이 전도입니다. 삶이 전도합니다.

복음이 나를 살렸기에 그 복음이 다른 사람을 살립니다. 복음이 저를 행복하게 했기에 제가 행복하게 살아갑니다. 제가 진료하고 선교하는 곳마다 길이요 진리요 생명 되신 예수님께서 동행해 주시는 거룩한 현장이 됩니다.

너희는 온 천하에 다니며 만민에게 복음을 전파하라 _막 16:15

저는 온 천하에 다니지 못합니다. 그렇지만 제가 사는 동네가 바로 주님께서 허락하신 천하요 제가 사람들을 만나는 곳이라고 생각하기로 했습니다. 제가 세계 5대양 6대주를 두루 다니지 못하여 여러 종족을 다 만날 수도 없습니다. 하지만 지금은 제각각 다른 모습과 다른 성격을 가진 사람들이 와서 살고 있는 우리나라가 바로 만민이 사는 곳이라고 생각하기로 했습니다. 실제로 이제는 전 세계 사람들이 우리나라에 들어와 있는 다민족 사회가 되었습니다.

또한 성경이 말하는 만민이란 여러 민족을 뜻합니다만, 그것을 제 생애 동안 전도해야 할 만 명이라는 숫자로 생각하기로 했습니다. 그래서 제가 사는 동안 만나는 만 명 이상의 영혼을 구원하여 천국으로 파송해야겠다고 결심했습니다.

전도자에게는 3D, 즉 D로 시작하는 영어 단어 세 개로 표현되는 자세가 필요합니다. Dreamy(꿈을 가지고), Dynamic(역동적으로), Dramatic(감격적으로) 전도하는 것입니다. 언제 어디서나, 누구와도 대화할 준비를 하는 것입니다. 만나는 사람 누구라도 격려하고 칭찬하는 것입니다. 전도자로서 품어야 할 마음가짐은 언제나 기도하고, 기도하고, 또 기도하는 것입니다. 그래서 전도를 하다 보니 기도 또한 알게 되었습니다.

저는 사실 처음부터 이런 적극적인 자세와 전도의 용기를 가진 사람이 아니었습니다. 하지만 구원의 감격으로 인해 행복을 누리며 전도하려 하니까 주님께서 용기를 주셨고, 성령 하나님께서 자연스럽게 인도해 주셨습니다. 저는 전도할 때가 제일 기쁩니다. 신이 납니다. 행복합니다. 그래서 꾸준히, 한결같이 전도할 수 있었습니다. 제 생명이 다할 때까지 이렇게 행복하게 전도하며 살 것입니다.

이 책이 나오기까지 저와 함께해온 믿음의 동역자, 스승과 제자들, 교회 식구들, 그리고 전도 현장에서 저를 만나 예수님을 믿고 집사님, 권사님, 안수집사님까지 되신 모든 분들에게 감사드립니다. 전도의 열정이 식어 안타깝다는 한국교회 속에서 남은 그루터기처럼 간절히 기도하며 전도에 헌신하시는 모든 성도들에게도 감사드립니다. 이 책은 하나님과 그분들의 것입니다. 주님께 모든 영광을 올려드립니다.

부족한 사람의 책을 편집해준 아르카 이한민 대표의 수고에 깊은 감사를 전하지 않을 수 없습니다. 그는 제 첫 책인《의사전도왕》의 편집자였습니다. 부족한 사람 곁에서 묵묵히 평생 수고하며 가정을 행복하게 돌본 믿음의 동역자요 사랑하는 아내인 최정아 권사와, 저에게 언제나 기쁨과 힘을 주는 두 아들 창엽이, 성엽이에게 감사합니다. 지금까지 살아 계셔서 저를 위해 기도해주시고 꿈과 희망과 기쁨을 주신 고마우신 아버님과 어머님, 장인어른과 장모님께도 감사드립니다.

저의 작은 이야기가 한국교회에 전도의 불꽃을 지피는 불쏘시개가 되어, 오늘도 기쁘고 행복하게 복음을 전하지 않으면 견딜 수 없는 마음을 품도록 인도하는 데 작게나마 도움이 되기를 바랍니다. 지역사회를 함께 복음화하려는 거룩한 전도사역이 개교회와 교단을 넘어 지역사회의 성도들이 함께 힘을 합하는 데도 쓰임받기를 기도합니다. 부족하나마 주님의 마음으로 쓴 이 책이 영혼 구원의 마음을 되새기는 미풍이 되고, 일상의 전도에는 강풍이 되고, 다시 한번 전도의 열정을 일으켜 이 나라를 뒤덮는 태풍이 되며, 나아가 세계 선교의 폭풍이 되길 소망합니다.

참 좋으신 우리 하나님, 참 고맙고 감사합니다. 우리는 모두 행복한 전도 현장에서 만납시다. 할렐루야!

이병욱